ORTOGRAFÍA

ORTOGRAFÍA

ANA MARÍA MAQUEO

LIMUSA
NORIEGA EDITORES
MÉXICO • España • Venezuela • Colombia

Derechos reservados:

© 1998, EDITORIAL LIMUSA, S.A. de C.V.
GRUPO NORIEGA EDITORES
Balderas 95, México, D.F.
C.P. 06040
☎ 521-21-05
01(800) 7-06-91
🖷 512-29-03
🖳 cnoriega@mail.internet.com.mx

CANIEM Núm. 121

Vigesimoprimera reimpresión

Hecho en México
ISBN 968-18-1547-5

UNAS PALABRAS SOBRE EL MANUAL

¿QUÉ NOS PROPONEMOS CON ESTE TRABAJO?

En nuestro mundo actual es obvia la importancia de la ortografía. Se nos exige en todas partes: en la escuela, en el trabajo y en múltiples actividades cotidianas.

La ortografía es como la imagen de la preparación de un individuo. Muchas personas tienen estudios, e incluso títulos universitarios, y escriben con mala ortografía; esto indudablemente da una mala impresión de todo su trabajo.

Lo que nos proponemos aquí, entonces, es ofrecer los medios para acercarse al lenguaje desde el punto de vista de la ortografía. Dado que ésta no es más que un instrumento, vamos a intentar aprender a manejarlo a fin de poder emplear mejor nuestra propia lengua.

¿A QUIÉN VA DIRIGIDO?

El trabajo ha sido concebido pensando en un grupo de alumnos y un maestro; sin embargo, no se descarta la posibilidad de que se emplee en forma autodidacta. Consideramos que tiene elementos suficientes para esto último: indicaciones claras y precisas para seguirlo paso a paso, y una SECCIÓN DE COMPROBACIONES, de gran utilidad en ambos casos pero, sobre todo, en el del alumno autodidacta.

No se intenta relacionar este manual con ningún nivel escolar específico; se considera que puede servir tanto a un alumno de Secundaria como a un adulto, cualquiera que sea la actividad que éste desarrolle.

¿CÓMO ESTÁ FORMADO?

El libro se compone de veinte lecciones. En ellas se intenta cubrir los aspectos más relevantes de la ortografía del español.

En las primeras lecciones se tratan los problemas relativos a la acentuación y la puntuación. Aunque tradicionalmente estos aspectos se presentan al final en manuales de este tipo, la experiencia nos ha demostrado que son, quizá, los más arduos de la ortografía del español. Su difícil dominio se hace evidente incluso en trabajos de carácter profesional: periódicos, revistas, anuncios publicitarios.

De lo anterior se desprende el que hayamos decidido, no sólo empezar por esos aspectos, sino revisarlos sistemáticamente a lo largo de todo el manual. Esta revisión se hace presentando al alumno un texto literario sin acentos ni signos de puntuación. Se pretende que el alumno los agregue y después compruebe su trabajo. En la práctica, este tipo de ejercicio ha resultado ser de suma utilidad, aunque con un alto grado de dificultad, particularmente en lo que se refiere a puntuación. Todos sabemos que ésta es vacilante y, en muchos casos, cuestión de estilo personal; sin embargo, cuando el alumno hace su comprobación —y aquí reside su gran utilidad—, tiene que reflexionar sobre el uso de cada signo de puntuación, a la vez que se familiariza con el empleo que de estos signos hacen algunos autores representativos de la literatura en lengua española.

La acentuación, aunque sí sigue reglas generales, es también un aspecto problemático, sobre todo en lo que se refiere a diptongos y triptongos. Por todo esto, se decidió reunir los dos problemas y practicarlos durante todo el curso.

El uso de pequeños textos literarios es frecuente en el libro. Esto obedece a un doble propósito: por una parte, se evita el tener que presentar el problema que se está tratando en oraciones que podrían resultar artificiales; y, por otra, se intenta acercar al alumno a textos que puedan despertar su interés por la lectura.

Es obvio que al elegir estos textos no se intentó hacer una muestra literaria representativa; simplemente se pensó que fueran breves, amenos y de fácil lectura para una persona no especializada en el campo literario.

¿CUÁLES SON SUS POSIBILIDADES DE MANEJO?

A lo largo de todo el libro se dan instrucciones claras y precisas para su empleo. Sin embargo, es labor del maestro recordar a sus alumnos que la lectura y la escritura son, sin duda alguna, medios muy eficaces para lograr una buena ortografía. Ésta, en buena medida, es un asunto de memoria visual que hay que practicar.

Las lecciones no han sido planeadas para cubrirse en un tiempo determinado. Su extensión se debe al problema ortográfico del que se trata y, naturalmente, se pueden dividir de acuerdo al ritmo de trabajo que se decida en cada caso particular.

Al final del libro hay una SECCIÓN DE COMPROBACIONES que puede servir para verificar aciertos, estimular al alumno, o bien, hacerlo reflexionar sobre sus errores; le ayudará a detectar los puntos que deben ser reforzados y practicados nuevamente. Los ejercicios que están al final de cada lección (acentuación y puntuación), como ya se ha dicho, tienen además la finalidad de hacer que el alumno reflexione sobre el uso de los signos de puntuación y se familiarice con los diferentes estilos literarios.

Por último, se incluye una BIBLIOGRAFÍA con el objeto de facilitar al alumno fuentes para posibles lecturas.

CONTENIDO

DIVISIÓN SILÁBICA

I. Lee cuidadosamente.

(1) Mar-ga-ri-ta en-tró en el co-me-dor dan-do un tre-men-do por-ta-zo.
Su pa-dre la mi-ró se-ve-ra-men-te; en-ton-ces e-lla se dis-cul-pó
a-pe-na-da. Se sen-tó y no di-jo u-na so-la pa-la-bra du-ran-te to-da
la co-mi-da.

Ya habrás notado que el texto anterior está dividido en sílabas. Es útil
saber dividir las palabras para hacerlo correctamente en un escrito cuando
no cabe la palabra completa al final de un renglón.
Ahora lee nuevamente el texto y observa que cada sílaba está formada
por una o varias letras que se pronuncian o articulan en una sola emisión
de voz.

Una sílaba está formada por una o varias letras que se pronuncian o articulan en una sola emisión de voz.

Habrás notado también que en todas las sílabas hay por lo menos una
vocal acompañada de una o varias consonantes. Las vocales solas pueden
formar una sílaba, pero las consonantes no. Para poder pronunciar una consonante necesariamente debe ir acompañada por lo menos de una vocal.
Hay palabras de una sola sílaba (monosílabas); de dos (bisílabas); de
tres (trisílabas), o de más (polisílabas).

II. Agrupa las palabras del texto (1) en la columna correspondiente.

(MONOSÍLABAS)	(BISÍLABAS)	(TRISÍLABAS)	(POLISÍLABAS)	
			(4)	(5)
_____	_____	_____	_____	_____
_____	_____	_____	_____	
_____	_____	_____		

(MONOSÍLABAS)	(BISÍLABAS)	(TRISÍLABAS)	(POLISÍLABAS)
			(4) (5)

_____ _____ _____

_____ _____ _____

_____ _____ _____

_____ _____ _____

_____ _____

_____ _____

ATENCIÓN: Una vocal —aunque forme una sílaba— no debe escribirse separada al principio o al final de un renglón. Ejemplo:

Ele-na   te-nía

III. Localiza en el texto (1) (pág. 9) las palabras que están en este caso y escríbelas a continuación.

_____   _____

_____   _____

────────────── DIPTONGOS Y TRIPTONGOS

IV. Lee cuidadosamente el siguiente relato. Algunas palabras están divididas en sílabas.

(2)   INÚTIL

Un hombre que **tenía** (te-ní-a) aproximadamente ochenta años presentó un **día** (dí-a) al **rey** (rey) **veinticuatro** (vein-ti-cua-tro) hijos, todos en edad de tomar las armas; y como el **rey** (rey) le preguntara si no **tenía** (te-ní-a) más hijos que aquellos y el **anciano** (an-cia-no) **respondiera** (res-pon-die-ra) que sólo **tenía** (te-ní-a) **varias** (va-rias) hijas más, el **rey** (rey) le **despidió** (des-pi-dió) **airadamente** (ai-ra-da-men-te), **diciéndole** (di-cién-do-le): ''¡Vete de aquí, inútil! **Debiera** (de-bie-ra) darte **vergüenza** (ver-güen-za) de no tener a tu edad más hijos que esos. ¿Es que faltan mujeres en mi **reino** (rei-no)?''.

FRANCISCO BERNIER
Viajes del Gran Mogol y Cachemira
en *El libro de la imaginación*

OBSERVA: No separamos las vocales en: **rey** (rey), **anciano** (an-cia-no), **respondiera** (res-pon-die-ra) porque son DIPTONGOS y forman una sola sílaba.

Ahora, para poder reconocer fácilmente los diptongos, vamos a recordar que en español hay dos grupos de vocales:

débiles	fuertes
i u	a e o

Un diptongo es la unión de una **vocal débil** (i-u) con una **fuerte** (a-e-o) siempre y cuando el acento no recaiga ni en la **i** ni en la **u**.

am-pl**io**   am-plí-**o**
(diptongo)   (no hay diptongo)

V. Escribe tres palabras utilizando cada uno de los diptongos que se dan a continuación.

Ej.   (ai)   aire   fraile   caray*

(ia)   _____   _____   _____

(ie)   _____   _____   _____

(io)   _____   _____   _____

(ua)   _____   _____   _____

(ue)   _____   _____   _____

(uo)   _____   _____   _____

(ai)   _____   _____   _____

(au)   _____   _____   _____

(ei)   _____   _____   _____

(eu)   _____   _____   _____

(oi)   _____   _____   _____

(ou)   _____   _____   _____

La combinación de las dos vocales débiles **ui**, propia de los verbos terminados en **uir** y de algunas otras palabras, también se considera diptongo.

fui   cons-tr**ui**-do   h**ui**-di-zo

VI. Busca tres palabras con *UI*.

(ui) _____   _____   _____

---

* La **y** se considera una vocal cuando va sola (Carmen y Marta) o al final de palabra (hoy, rey).

VII. Separa en sílabas las siguientes palabras. Recuerda que los diptongos no se separan puesto que constituyen una sola sílaba.

cuestión	_____	reino	_____
diablura	_____	contribuido	_____
quietecito	_____	jaula	_____
duelo	_____	hielo	_____
pauta	_____	Europa	_____
canciones	_____	cambio	_____
aguado	_____	oigo	_____
inicuo	_____	Souto	_____
jaiba	_____	distribuidas	_____
feria	_____	guapa	_____
carey	_____	arduo	_____
Eugenia	_____	sainete	_____
voy	_____	aprecio	_____

Cuando hay una **h** intermedia entre dos vocales que forman diptongo, no se toma en cuenta para la división silábica.

---

buh**ar**-di-lla   **ahu**-yen-to

VIII. Separa en sílabas estas palabras.

ahijado	_____	ahulado	_____
cohibir	_____	buhonero	_____
desahuciar	_____	ahumar	_____

En el texto **(2)** (pág. 10), habrás observado también cómo dividimos las palabras:

te-ní-a   dí-a

Esto se debe a que la vocal débil (i-u) está acentuada y, por eso, se rompe el diptongo y la débil acentuada forma sílaba aparte.

OBSERVA:

ca-í-do   vi-ví-a   a-ú-lla

IX. **Divide en sílabas las siguientes palabras. Fíjate en los acentos. Recuerda que la H entre vocales no se toma en cuenta.**

María	_____	creído	_____
Mario	_____	peinado	_____
reditúa	_____	continuo	_____
redituar	_____	continúo	_____
tahúr	_____	baila	_____
taurino	_____	bahía	_____
búho	_____	Saúl	_____
buhonero	_____	sahumerio	_____

X. **Lee las siguientes palabras. Observa cómo están divididas.**

le-o   a-ho-ra   ro-e

Ya habrás notado que dos vocales fuertes (a-e-o) no forman un diptongo, sino sílabas separadas.

XI. **Divide las siguientes palabras.**

oasis	_____	zanahoria	_____
fea	_____	correa	_____
reo	_____	aéreo	_____

XII. **Antes de separar en sílabas las siguientes palabras, repasa las páginas anteriores de esta lección.**

ley	_____	reuma	_____
almohada	_____	llovía	_____
huarache	_____	ahorita	_____
tío	_____	doy	_____
cambio	_____	caótico	_____
hielo	_____	hueso	_____
ahuyentar	_____	fui	_____
obstruido	_____	reata	_____
polea	_____	arduo	_____
sainete	_____	recibías	_____

Dorotea _____   farmacia _____

baúl   _____   ahogado _____

aullar   _____   ahijado _____

XIII. Lee cuidadosamente las siguientes palabras.

despreciáis   atestigüéis   Cuautla   Paraguay

Ahora observa cómo las dividimos:

des-pre-**ciáis**   a-tes-ti-**güéis**   **Cuau**-tla   Pa-ra-**guay**

El conjunto de tres vocales —cuando éstas forman un triptongo— no se separa porque forma una sola sílaba.

Un triptongo es la combinación de una vocal

débil   +   fuerte   +   débil
i   a   i
u   e   u
                                   o

El acento **nunca** cae sobre las vocales débiles. Cuando esto sucede, el triptongo se destruye.

re-co-no-ce-rí-**ais**

XIV. Separa en sílabas las siguientes palabras.

Uruguay _____   sabríais _____

diríais   _____   santiguáis _____

Camagüey _____   recibiríais _____

¿En cuáles de ellas se forma un triptongo?

_____ _____ _____

¿Por qué? _____

_____

_____

_____ OTRAS NORMAS DE
DIVISIÓN SILÁBICA

OBSERVA:

in-humano   des-honrar

Cuando se divide una palabra con **h** intermedia precedida de consonante porque no cabe en el renglón, se debe dejar la **h** al principio del siguiente renglón.

XV. Separa las siguientes palabras de acuerdo con la anterior observación.

deshumanizar	_____	deshuesar	_____
exhumar	_____	alharaca	_____
deshidratado	_____	deshonesto	_____
bienhechor	_____	deshielo	_____

ATENCIÓN: Cuando una palabra compuesta debe dividirse porque no cabe en el renglón, puede hacerse de dos maneras:

nos-otros   no-sotros

des-empleo   de-sempleo

Es decir, se puede dividir separando sus componentes o separando las sílabas de la manera acostumbrada.

XVI. De acuerdo con lo anterior separa las siguientes palabras.

malentendido	_____	_____
desacuerdo	_____	_____
suburbano	_____	_____
desarrollo	_____	_____
subalterno	_____	_____
vosotros	_____	_____

XVII. Divide en sílabas el siguiente texto.

(3)   CUENTO CHINO

Cierto hombre, que había comprado una vaca magnífica, soñó la misma noche que crecían alas sobre la espalda del animal, y que éste se marchaba volando. Considerando esto un presagio de infortunio inminente, llevó la vaca al mercado nuevamente, y la vendió con gran pérdida. Envolviendo en un paño la plata que recibió, la echó sobre su espalda, y a mitad del camino a su casa, vio a un halcón comiendo parte de una liebre. Acercándose al ave, descubrió que era bastante mansa, de manera que le ató una pata a una de las esquinas del paño en que estaba su dinero. El halcón aleteaba mucho, tratando de escapar, y tras un rato, al aflojarse momentáneamente la mano del hombre, voló con todo y el trapo y el dinero. ''Fue el destino'', dijo el hombre cada vez que contó la historia; ignorante de que, primero, no debe tenerse fe en los sueños; y, segundo, de que la gente no debe recoger cosas que ve al lado del camino. Los cuadrúpedos generalmente no vuelan.

HERBERT ALLEN GILES
en *El libro de la imaginación*

Comprueba tu avance en la pág. 271 (Comprobación 1. p. 271)

ACENTUACIÓN

I. Lee cuidadosamente.

(4) DELIRIO DE PERSECUCIÓN

Como todos sabemos, el delirio de **persecución** es una de las enfermedades más terribles que pueda haber, tanto para la víctima como para sus familiares. Pero en sus manifestaciones más benignas puede convertirse en un juego de **salón** muy divertido, que sirve no sólo para pasar un rato agradable, sino para desarrollar la **imaginación** de los participantes.

Si **descubrí** el delirio de persecución no fue por cuenta propia, sino gracias a la ayuda de un amigo de la casa que era optometrista. Yo tenía ocho años, estábamos sentados a la mesa y mi abuela dijo que ella veía estupendamente y que no necesitaba anteojos. En ese momento, el optometrista **pronunció** las palabras fatales.

—Eso es lo que usted cree. Yo le aseguro que no ve lo que nosotros vemos.

Este parlamento contiene un error de **formulación**. El optometrista **debió** haber dicho que mi abuela no veía con la misma claridad que los **demás.** Todos lo entendieron **así,** menos yo, que me **quedé** mirando las zanahorias que había en el plato y pensando que **quizá** lo que mi abuela estaba viendo en vez de zanahorias eran camellos.

JORGE IBARGÜENGOITIA
Viajes en la América Ignota

II. Observa que algunas palabras del texto (4) están en letras "negritas". Escribe tres veces cada una.

_____	_____	_____	_____
_____	_____	_____	_____
_____	_____	_____	_____

_____   _____   _____   _____
_____   _____   _____   _____

_____   _____   _____   _____
_____   _____   _____

_____   _____   _____

III. A continuación, explica qué tienen en común las palabras que acabas de escribir:

_____

_____

(Comprobación 2. p. 271)

También hemos notado que algunas palabras tienen **acento gráfico** (escrito) y otras no lo tienen. La presencia o ausencia de un acento gráfico, en ocasiones, cambia incluso el significado de una palabra:

papa / papá   cambio / cambió

Es importante, entonces, estudiar con atención las reglas referentes a la acentuación y, para esto, también es de utilidad saber dividir en sílabas las palabras.

En cada palabra hay una sílaba que tiene una carga de pronunciación. Se llama **sílaba tónica** y es la que lleva el acento.

OBSERVA:

con**se**jo   a**vión**   nece**dad**   regre**sé**   **cri**sis

En estas palabras están en negritas las sílabas tónicas; sin embargo, no todas llevan acento gráfico. El acento que simplemente se pronuncia se llama **acento prosódico**.

IV. Busca en el texto (4) (pág. 17) seis palabras que tengan *ACENTO GRÁFICO;* y seis que tengan *ACENTO PROSÓDICO.* Escógelas de manera que no sean las mismas que trabajaste en el ejercicio II de esta lección.

Acento gráfico   *Acento prosódico*

_____ _____   _____ _____

_____ _____   _____ _____

_____ _____   _____ _____

——————————————— REGLAS DE ACENTUACIÓN

Las palabras se dividen —de acuerdo con su acento— en cuatro grupos: **agudas, graves** (o llanas), **esdrújulas** y **sobresdrújulas.**

AGUDAS son las que tienen el acento en la **última** sílaba. GRAVES, en la **penúltima.** ESDRÚJULAS, en la **antepenúltima,** SOBRESDRÚJULAS, en una **sílaba anterior a la antepenúltima.**

Contamos las sílabas de derecha a izquierda.

Sílabas anteriores a la antepenúltima	Antepenúltima	Penúltima	Última

Aguda: po-bla-ción
Grave: ar-cán-gel
Esdrújula: hi-po-pó-ta-mo
Sobresdrújula: en-cár-ga-se-lo

——————————————— PALABRAS AGUDAS

OBSERVA:

descu**brí**	persecu**ción**	de**más**
pronun**ció**	sal**ón**	
de**bió**	imagina**ción**	
a**sí**	formula**ción**	
que**dé**		
qui**zá**		

Fíjate en las terminaciones de estas palabras y trata de completar la regla correspondiente.

Se acentúan las palabras agudas que terminan en _____ , _____ o _____ .

(Comprobación 3. p. 271)

V. **Subraya las palabras** *AGUDAS* **que encuentres a continuación.**

cantaría	difícil	necesitará
ángel	autobús	después
recibiré	búho	ánimo
cánticos	venía	decisión
camión	recién	católico
mordían	lápiz	revés
cámara	pidió	avión

RECUERDA: Se pone acento gráfico en las palabras agudas que terminan en **vocal, n o s.**

———————————————————————— PALABRAS GRAVES

OBSERVA:

ángel	**cua**dro	e**xa**men	**cri**sis
lápiz	**ver**de	**Car**men	**ro**sas
a**zú**car	**car**ga		

Vamos a formular la siguiente regla:

> Llevan acento gráfico las palabras graves que terminan en _____
> que no sea ni _____ ni _____ .

(Comprobación 4. p. 271)

VI. **Escribe el acento cuando corresponda. Observa que todas las palabras son graves.**

facil	necio	pipa	toma
versatil	examen	grave	hojas
dificil	ambar	forma	tamaño

———————————————————— PALABRAS ESDRÚJULAS
Y SOBRESDRÚJULAS

OBSERVA:

cámara	e**xá**menes	en**vián**dotelo
llámala	pi**rá**mide	en**vián**dotelos
órale	hi**pó**tesis	encar**gán**dosela
príncipe	a**ná**lisis	encar**gán**doselos
cántaro		
pájaro		

> **Todas** las palabras esdrújulas y sobresdrújulas llevan acento gráfico.

VII. **Clasifica las siguientes palabras de acuerdo con su acento. Utiliza la inicial correspondiente: a, g, e, s.**

Ejemplo: (g) cáncer

( ) tímido   ( ) mandándoselo   ( ) azúcar   ( ) Gómez

( ) urgentísimo   ( ) ortográfico   ( ) cómico   ( ) ágil

( ) entréganoslo   ( ) césped   ( ) visité   ( ) Andrés
( ) hexágono   ( ) mandarás   ( ) esdrújula   ( ) pálido
( ) útil   ( ) sofá   ( ) pídesela   ( ) díganmelo
( ) cayó   ( ) plumón   ( ) González   ( ) pasión
( ) perdón   ( ) cárcel   ( ) además   ( ) nótese

VIII. Lee cuidadosamente el siguiente texto. En él se han omitido deliberadamente algunos acentos. Agrégalos.

(5) CONTRATO EDITORIAL

El escritor esperaba que sus libros fructificasen en el sotano del editor, y asi sucedio un día despues de muchos años de espera.

Entonces el editor le dijo:

—Le hago un contrato por todo, un contrato segun el cual su cabeza pasara a ser propiedad mía.

El escritor aprovecho el ofrecimiento y firmo la venta de su cabeza.

Pronto se comio los adelantos estipendiados y se moría por no poder ser libre, porque toda su produccion era de aquel editor que ya no le pagaba nada.

Entonces publico con otro editor una obra nueva.

—Esa obra me pertenece— le dijo el editor que había comprado su cabeza.

—Esta obra que esta teniendo más exito que todas las otras obras mías no le pertenece.

—¿Cómo puede ser eso?

—Porque esta obra no ha sido escrita con la cabeza, sino con los pies.

RAMÓN GÓMEZ DE LA SERNA
en *Lectura en voz alta*

(Comprobación 5. p. 271)

IX. Lee cuidadosamente. Observa las palabras en negritas.

(6) Ya en la isla lo **conocían** todos, y en España hablaban de él. Era flaco, y de nariz **muy** larga, y la ropa se le **caía** del **cuerpo,** y no **tenía** más poder que el de su corazón (. . .)* le **parecía** que era su mano la que **chorreaba** sangre, **cuando sabía** que, porque no pudo con la pala, le **habían** cortado a un **indio** la mano: **creía** que él era el culpable de toda la **crueldad,** porque no la **remediaba: sintió** como que se iluminaba y **crecía,** y como que eran sus hijos todos los **indios** americanos. De abogado no **tenía autoridad,** y lo dejaban solo: de sacerdote **tendría**

* Utilizamos este símbolo (. . .) para indicar que se ha omitido alguna parte del texto original.

la **fuerza** de la **Iglesia,** y **volvería** a España, y **daría** los recados del **cielo,** y si la corte no acababa con el asesinato, con el tormento, con la esclavitud, con las minas, **haría** temblar a la corte.

JOSE MARTÍ
El padre Las Casas

ACENTUACIÓN:
DIPTONGOS Y TRIPTONGOS

Recuerda que cuando en un diptongo (la unión de una vocal débil: **i, u,** con una fuerte: **a, e, o**) la pronunciación recae sobre la vocal débil, siempre lleva acento gráfico, y el diptongo se destruye. Ejemplo:

sa-bia   sa-bí-a
(diptongo)   (no hay diptongo)
                                                    ACENTO GRÁFICO

X. Entre las palabras en negritas del texto (6) (pág. 21), localiza aquellas en que se ha roto el diptongo por el acento. Escríbelas a continuación. No escribas la que está repetida.

_____ _____ _____ _____

_____ _____ _____ _____

_____ _____

Ya habrás notado que todas son formas verbales y que corresponden al copretérito y al pospretérito de indicativo.

> Llevan acento gráfico todas las formas del copretérito de indicativo (de los verbos terminados en ER o IR), y todas las del pospretérito de indicativo.

XI. Conjuga los siguientes verbos.

Ej.   CONOCER

Copretérito	Pospretérito
conocía	conocería
conocías	conocerías
conocía	conocería
conocíamos	conoceríamos
conocíais	conoceríais
conocían	conocerían

VIVIR		ENTENDER	
Copretérito	*Pospretérito*	*Copretérito*	*Pospretérito*
_____	_____	_____	_____
_____	_____	_____	_____
_____	_____	_____	_____
_____	_____	_____	_____
_____	_____	_____	_____

SABER		VENDER	
_____	_____	_____	_____
_____	_____	_____	_____
_____	_____	_____	_____
_____	_____	_____	_____
_____	_____	_____	_____

También en el texto **(6)** está en negritas la palabra *sintió*. ¿Hay un diptongo en esta palabra? _____ ¿Por qué lleva acento gráfico? _____

(Comprobación 6. p. 271)

Observa que **sintió** también es una forma verbal que corresponde a la tercera persona del singular del pretérito de indicativo del verbo **sentir**.

> La 1a. y la 3a. personas del singular del pretérito de indicativo (excepto algunos irregulares: tuve, quise, puse, etc.) llevan acento gráfico.

XII. Escribe el pretérito de indicativo de los siguientes verbos.

Ej. VISITAR	RECIBIR	ENTENDER	SERVIR	SALIR
visité	_____	_____	_____	_____
visitaste	_____	_____	_____	_____
visitó	_____	_____	_____	_____
visitamos	_____	_____	_____	_____
visitasteis	_____	_____	_____	_____
visitaron	_____	_____	_____	_____

Además de las palabras del texto **(6)** que ya hemos trabajado, hay otras en negritas que no llevan acento. Por ejemplo, **cuerpo, cuando, indio.**

¿Hay diptongo en estas palabras? _____

¿Qué es un diptongo? _____

_____   _____

(Comprobación 7. p. 272)

Podemos resumir de la siguiente manera.

Si en un diptongo (o triptongo) la vocal débil lleva el acento, el diptongo se deshace y usamos acento ortográfico.
Si, por el contrario, el acento cae sobre la vocal fùerte, las palabras se
acentúan de acuerdo con las reglas que se han estudiado.

---

tía (tí-a)   raído (ra-í-do)   Saúl (Sa-úl)
veréis (ve-réis)   Sebastián (Se-bas-tián)
ruégale (rué-ga-le)

XIII. Agrega acento gráfico en las palabras que lo necesiten y escrí-
belas nuevamente.

Raul	jaula	vendreis	pais
bailando	grua	acentuar	pua
geografia	vidrio	escribireis	residuo
peine	peluqueria	aguado	hastio
diferenciais	buho	caligrafia	cansancio

_____   _____   _____   _____

_____   _____   _____   _____

_____   _____   _____   _____

XIV. Lee con atención el siguiente texto. Agrega los acentos que
deliberadamente se han omitido.

(7)   Como suele ocurrir en los dias en que ve uno en los aparadores es-
cenas invernales y escucha uno himnos a las noches nevadas, el sol era
brillante, y la temperatura agradable. No habia un copo de nieve en mil
kilometros a la redonda. Sin embargo, el Ejercito de Salvacion estaba
haciendo una colecta y en todas partes sonaban campanitas. Era Navidad.

       Como mis amigos se habian ido a pasar la Navidad en otros luga-
res todavia más aburridos, yo me habia retirado, como oso hibernante, a
mi departamento, habia encendido la calefáccion y pasado cinco dias le-

yendo las obras completas de don Benito Perez Galdos. La unica esperanza que tenia de cortar el tedio era la invitacion para la cena de navidad.

A las tres en punto deje a don Benito sobre la mesa, limpie mis
zapatos, sacudi mi ropa y a las cuatro sali de mi casa.

Texto adaptado de JORGE IBARGÜENGOITIA
Viajes en la América Ignota

XV. Subraya las palabras que acentuaste. Verifica tus aciertos.

(Comprobación 8. p. 272)

3
OTRAS REGLAS
DE ACENTUACIÓN

I.Lee cuidadosamente.

(8) LA LECHUZA QUE MIRABA HACIA ATRÁS

CIERTA LECHUZA TENÍA LA COSTUMBRE DE MIRAR SIEMPRE HACIA ATRÁS, PERO, A DIFERENCIA DE LA MUJER DE LOT, EN VEZ DE CONVERTIRSE EN ESTATUA DE SAL, SEGUÍA SIENDO LECHUZA.

UNA NOCHE VINO EL BÚHO Y LE PREGUNTÓ POR QUÉ SIEMPRE MIRABA HACIA ATRÁS. LA LECHUZA RESPONDIÓ: "QUIERO CONVERTIRME EN ESTATUA DE SAL".

MÁS DESANIMADO QUE DE COSTUMBRE, EL BUHO HUNDIÓ SU MIRADA AMARILLA EN LA NOCHE, EXHALÓ UN MÓDICO GRAZNIDO Y LUEGO MURMURÓ PARA SÍ MISMO: "HAY GENTE QUE NO DEBERÍA LEER LA BIBLIA"

MARIO BENEDETTI
Letras de emergencia

II.Subraya en el texto anterior todas las palabras que lleven acento gráfico.

Ya habrás advertido que se usa acento gráfico cuando empleamos letras mayúsculas. Es frecuente encontrar textos en los cuales no lo hacen. Esto se debe, tal vez, a razones tipográficas. Sin embargo, las letras mayúsculas deben acentuarse, en cualquier lugar que ocupen en la palabra.

ÍNFIMO   LUCÍA   CAFÉ   RAMÓN

OBSERVA:

MEMORÁNDUM   ACCÉSIT   ÍDEM

En las palabras latinas, se usan las mismas reglas generales de acentuación que ya hemos estudiado.

III. Acentúa las siguientes palabras.

superavit   curriculum   ultimatum
item   requiem   quorum
deficit   ibidem   maximum

En cambio no acentuamos otros nombres extranjeros si no se han adaptado a nuestra lengua.

Washingtcn   Wagner   Chopin

Pero cuando su pronunciación y grafía originales lo permiten, sí debemos acentuarlos.

París   Berlín   Pekín

OBSERVA:

decimoséptimo   fisicoquímico

> Cuando una palabra está compuesta por dos vocablos con acento gráfico, sólo se conserva el acento del segundo.

Pero:

teórico-práctico   económico-administrativo

cuando los componentes están separados por un guión, cada uno se acentúa como corresponde.

IV. Lee las siguientes palabras.

camión - camiones   revés - reveses
sillón - sillones   autobús - autobuses

Observa que estas palabras llevan acento gráfico en el singular, porque son agudas terminadas en n o s. En el plural no llevan acento gráfico porque se vuelven graves terminadas en s. Esto es, se siguen las reglas generales de acentuación.

V. Cambia al plural.

avión _____   adiós _____

estación _____   trolebús _____

sartén _____   obús _____

canción _____   cortés _____

ATENCIÓN:

fácilmente   audazmente   tímidamente

> Recuerda que del femenino singular de algunos adjetivos se forman adverbios agregando la terminación **mente**. Cuando el adjetivo original lleva acento gráfico, éste se conserva al convertirse en adverbio.

fácil + mente = fácilmente

VI. Forma adverbios terminados en MENTE de los siguientes adjetivos.

Ej.	fresco	_frescamente_			
útil	_____	bello	_____	cómodo	_____
gracioso	_____	cándido	_____	peligroso	_____
ágil	_____	real	_____	rígido	_____
grande	_____	difícil	_____	nítido	_____

——————————————— ACENTOS Y VERBOS

VII. Lee con atención el texto siguiente.

(9)   ¡Juéguesela, patroncita!

Mi ciudad fue creciendo. Fue extendiéndose sin ritmo ni compostura, como una planta rebelde. . .

SARA MOIRÓN
Personajes de mi ciudad

En este pequeño fragmento hay únicamente dos palabras acentuadas. Escríbelas a continuación.

1. _____   2. _____

Las dos son formas verbales a las cuales se han añadido otras formas. Trata de descomponerlas.

1 . _____ _____ _____   2 . _____ _____

Ahora escribe solamente los dos verbos.

_____   _____

(Comprobación 9. p. 272)

Ya habrás notado que estos verbos no llevan acento porque son palabras graves terminadas en vocal. Sin embargo, al añadirles otras formas se vuelven esdrújulas y —de acuerdo con la regla general— llevan acento gráfico.

pidiendo (+ me + lo)   pidiéndomelo
preguntando (+ le)   preguntándole

VIII. Agrega los acentos que hacen falta.

repitiendo	recibio	convendria
recibia	recibido	llamaronle
oyendo	dijome	cayendose
oyendome	avisemos	cayo

IX. Forma tres grupos con los verbos anteriores.

(llevan acento porque se les han añadido otras formas)	(no llevan acento)	(llevan acento en su forma original)
_____	_____	_____
_____	_____	_____
_____	_____	_____
_____	_____	_____

OBSERVA:

recibía	(+ lo)	recibíalo
recibió	(+ me)	recibióme
vendía	(+ nos)	vendíanos
cayó	(+ se)	cayóse

Cuando a una forma verbal acentuada se le añade un pronombre, se conserva el acento aun cuando no se sigan las reglas generales de acentuación.

X. En las siguientes oraciones cambia el pronombre de manera que forme una sola palabra con el verbo.

Ej.   **Se conservó** bien durante varios años.
      Conservóse bien durante varios años.

1. *Se diría* que no sucede nada.
   _____

2. El viejo *los reprendió* con energía.
   _____

3. Los muchachos sólo *le pedían* un poco de agua.
   _____

4. *Se decidió* por fin el flojo a trabajar.
   _____

5. *Lo repetían* alegre y animadamente.
   _____

6. *Se había* comentado mucho el asunto.
   _____

XI. Lee con atención.

> Huí empavorecido de ese lugar.
> El año pasado construí una casa en el campo.
> Le atribuí esas palabras a otro autor.

Observa que las palabras acentuadas son formas verbales. Escribe los infinitivos que coresponden a cada una de ellas.

_____   _____   _____

Estos verbos tienen en común que terminan en _____

(Comprobación 10. p. 272)

> Podemos decir, entonces, que la primera persona del singular del pretérito de indicativo de los verbos terminados en **uir**, lleva acento gráfico en la **i**.

XII. Escribe oraciones con los siguientes verbos. Usa la primera persona del singular del pretérito de indicativo.

Ej.   (huir)   Huí empavorecido de ese lugar.

    (diluir)   _____

    (rehuir)   _____

    (contribuir)   _____

    (destituir)   _____

    (incluir)   _____

    (distribuir)   _____

XIII. Acentúa las siguientes formas verbales cuando sea necesario.

llamandolo	conclui	abrazando	sabialo
contribui	consigo	arrojose	instrui
llevemos	previniendote	influi	rogabas
permitiome	pediriale	necesitamos	avisale
exclui	ruegame	prestandoles	cayose

XIV. Forma cuatro grupos con los verbos anteriores.

a) No llevan acento.

b) Primera persona singular pretérito indicativo de verbo terminado en **uir**.

c) Forma verbal acentuada a la que se ha añadido un pronombre.

d) Forma verbal no acentuada que se vuelve esdrújula al añadírsele un pronombre.

_____ _____ _____ _____
_____ _____ _____ _____
_____ _____ _____ _____
_____ _____ _____ _____

――――――――――― ACENTO DIACRÍTICO

XV. **Lee con atención.**

(10) ¡Juéguesela patroncita!

Mi ciudad fue creciendo. Fue extendiéndose sin ritmo ni compostura, como una planta rebelde que reclama más y más espacio, devorando lo que encontraba a su paso. Yo no **sé** si es fea o no. Hay a quienes nos gusta, aunque esté un tanto mugrosa (. . .) y aunque **se** enloquezca con tanto automóvil, camión, autobús (. . .) En fin, a **mí**, a pesar de todos los pesares, me gusta **mi** ciudad.

SARA MOIRÓN
Personajes de mi ciudad

En el texto **(10)** que acabas de leer hay cuatro palabras en negritas. Escríbelas a continuación.

_____ _____ _____ _____

Forman dos pares de palabras de idéntica escritura que tienen una sola diferencia: _____

(Comprobación 11. p. 272)

Ya habrás notado que en ambos casos (*se* y *mi*) se trata de palabras monosílabas. Podemos decir que, por regla general, las palabras monosílabas no se acentúan. Observa en las primeras líneas del mismo texto el uso de palabras como **mi, fui, sin, ni, que**, etc. Estas palabras siguen la regla general: **no llevan acento.**

RECUERDA:

fue   dio   vi   fui
nunca llevan acento gráfico.

Sin embargo, algunas palabras monosílabas llevan acento gráfico para distinguirlas de otras que se escriben igual. Es el caso de:

sé (verbos **saber** o **ser**)

se (pronombre reflexivo: Se baña.)
   (pronombre personal: Se lo dije.)

mí (pronombre personal: A mí no me gusta.)
mi (adjetivo posesivo: Este es mi libro.)

> El acento que se usa para distinguir palabras de idéntica escritura, se llama **acento diacrítico**.

Vamos a ver ahora las palabras más usuales que tienen dos significados y cuya única diferencia es el acento diacrítico. Observa que la mayor parte de ellas son monosílabas.

XVI. Lee con atención el significado de cada palabra y escribe una oración empleándola correctamente.

Ej. se   (pron. reflexivo o personal)
     sé   (verbos **saber** o **ser**)

     (se)   Ellos se quejan constamente.

     (se)   Yo se lo entregué a ellos.

     (sé)   No sé tu dirección.

     (sé)   Sé un hombre justo y honrado.

1. el   (artículo)   él (pronombre personal)
   (el)   _____
   (él)   _____

2. tu   (adj. posesivo)   tú (pron. personal)
   (tu)   _____
   (tú)   _____

3. te   (pronombre personal)   té (bebida aromática)
   (te)   _____
   (té)   _____

4. mi   (adj. posesivo)   mí (pron. personal)
   (mi)   _____
   (mí)   _____

5. de   (preposición)   dé (verbo **dar**)
   (de)   _____
   (dé)   _____

6. se   (pron. reflexivo o personal)   sé (verbos **saber** o **ser**)

(se) _____

(se) _____

(sé) _____

(sé) _____

7. aun   (adverbio que significa **hasta, también, inclusive** o **siquiera** con negación)

aún   (adverbio que significa **todavía**)

(aun) _____

(aún) _____

8. o   (conjunción) ó (cuando va entre números para evitar que se confunda con el cero)

(o) _____

(ó) _____

9. si   (conjunción condicional; nota musical)

sí   (pronombre personal y adverbio de afirmación)

(si) _____

(si) _____

(sí) _____

(sí) _____

10. mas   (conjunción que significa **pero**)

más   (adverbio de cantidad o comparación)

(mas) _____

(más) _____

(más) _____

11. solo   (adjetivo)   sólo (adverbio que equivale a **solamente**)

(solo) _____

(sólo) _____

ATENCIÓN: Recuerda que las palabras

no y **ti**

nunca llevan acento.

XVII. En el siguiente texto se han omitido intencionalmente todos los acentos. Agrégalos. Pon mucha atención en las palabras monosílabas.

(11) MISS AMNESIA

La muchacha abrio los ojos y se sintio apabullada por su propio desconcierto. No recordaba nada. Ni su nombre, ni su edad, ni sus señas. Vio que su falda era marron y que la blusa era crema. No tenia cartera. Su reloj pulsera marcaba las cuatro y cuarto. Sintio que su lengua estaba pastosa y que las sienes le palpitaban. Miro sus manos y vio que las uñas tenian un esmalte transparente. Estaba sentada en el banco de una plaza con arboles, una plaza que en el centro tenia una fuente vieja, con angelitos, y algo asi como tres platos paralelos. Le parecio horrible. Junto a su pie izquierdo vio un trozo de espejo, en forma de triangulo. Lo recogio. Fue consciente de una enfermiza curiosidad cuando se enfrento a su rostro. Fue como si lo viera por primera vez. No le trajo ningun recuerdo. Trato de calcular su edad. Tendre 16 o 17 años, penso. Curiosamente recordaba los nombres de las cosas, pero no podia situarse a si misma en un lugar y en un tiempo. Volvio a pensar, esta vez en voz alta: "Si, debo tener dieciseis o diecisiete", solo para confirmar que era una frase en español. Se pregunto si ademas hablaria otro idioma. Nada. Un mundo de gente pasaba junto al banco sin prestarle atencion. Solo algun muchacho la miraba. Alguien se separo de la corriente. Era un hombre cincuenton, bien vestido, peinado impecablemente, con alfiler de corbata y portafolio negro. Ella intuyo que le iba a hablar. ¿Me habra reconocido? penso. Y tuvo miedo de que aquel individuo la introdujera nuevamente en su pasado. Se sentia tan feliz en su confortable olvido. Pero el hombre simplemente vino y pregunto: "¿Le sucede algo, señorita?" Ella lo contemplo largamente. La cara del tipo le inspiro confianza. En realidad, todo le inspiraba confianza. "Hace un rato abri los ojos en esta plaza y no recuerdo nada, nada de lo de antes." Tuvo la impresion de que no eran necesarias mas palabras. Se dio cuenta de su propia sonrisa cuando vio que el hombre tambien sonreia. El le tendio la mano. Dijo: "Mi nombre es Roldan, Felix Roldan." "Yo no se mi nombre", dijo ella, pero estrecho la mano.

Fragmento adaptado de
MARIO BENEDETTI
La muerte y otras sorpresas

XVIII. A continuación escribe, en el orden en que aparecen en el texto, las palabras que acentuaste.

1.	9.	17.	25.
2.	10.	18.	26.
3.	11.	19.	27.
4.	12.	20.	28.
5.	13.	21.	29.
6.	14.	22.	30.
7.	15.	23.	31.
8.	16.	24.	32.

33. _____   38. _____   43. _____   48. _____
34. _____   39. _____   44. _____   49. _____
35. _____   40. _____   45. _____   50. _____
36. _____   41. _____   46. _____   51. _____
37. _____   42. _____   47. _____   52. _____

(Comprobación 12. p. 272)

CÓMO / COMO

I. Lee atentamente.

(12) GAFAS PARA LAS ESTATUAS

El chiflado inventor decía haber logrado unas gafas para que las estatuas pudiesen ver.

—Las estatuas —decía como explicación de aquellas gafas violeta— tienen la facultad de ver lo retrospectivo y lo presente, pero esa vista inmortal no pueden ejercerla porque no tienen las gafas apropiadas, las gafas que yo he inventado.

—Muy bien —le dije al inventor—; pero, ¿**cómo** se podrá saber que ven al fin, si son mudas de solemnidad?

El inventor se quedó cortado, pero rehaciéndose repuso:

—¡Ah! Ellas solas podrán saberlo, pero ya verá usted **cómo** se iluminarán sus rostros **como** los de aquellos que recobran la vista de pronto.

RAMON GÓMEZ DE LA SERNA
en *Lectura en voz alta*

Escribe a continuación las tres palabras que están en negritas en el texto que acabas de leer.

1) _____ 2) _____ 3) _____

· Observa que en el texto **(12)** la palabra **cómo** se acentúa cuando es interrogativa (directa o indirecta): 1) y 2). En el ejemplo 3) no se acentúa, porque es sólo un nexo, su función consiste en unir o enlazar dos oraciones.

Estilo directo	*Estilo indirecto*
¿Cómo está Marta? ¿Cómo se sabe si ven?	Pregunté que cómo estaba Marta. Ya verá usted cómo se iluminan. . .
¡Cómo le gusta! ¡Cómo es posible!	Dijo que cómo le gustaba. Exclamó que cómo era posible.

Ya habrás notado que en el estilo indirecto la palabra *cómo* va acentuada porque conserva el sentido interrogativo o exclamativo. Es decir, tiene significado de pregunta, de duda o de admiración.

Podemos entonces afirmar que la palabra **cómo** se acentúa cuando se usa en sentido:

interrogativo

¿Cómo se siente hoy?
Pregunté que cómo se sentía hoy.

o

exclamativo

¡Cómo han crecido!
Comentó que cómo habían crecido.

En los siguientes ejemplos observa cuidadosamente los acentos de las palabras que están en negritas.

Pregúntale **dónde** lo guardó.
No veo **qué** es lo interesante.
No sabemos a **qué** colección pertenece.
Tal vez tú sepas **por qué** no vino Luis.
No entiendo de **quién** estás hablando.
No me había fijado **cuánto** tardabas.

Qué, ¿no van a venir?
¡Con **qué** alegría los recibió!
No sabes **cuánto** me alegro.
María sabe **cuál** es.
Me pregunto hasta **cuándo** esperaré.
No sabe **cuántos** días han pasado.

II. Copia cuidadosamente las oraciones anteriores.

Ya habrás observado que, al igual que **como,** las voces

que   quien   cual   cuanto(a,os,as)
donde   cuando

pueden llevar acento cuando tienen sentido interrogativo, exclamativo o cuando tienen valor intensivo; es decir, cuando queremos dar más énfasis a lo que decimos.

III. Lee cuidadosamente.

(13) SABIDURÍA

—¿**Qué** se debe hacer **cuando** el ruiseñor se niega a cantar?
—Retorcerle el cuello —contestó el primero.
—Obligarle a cantar —dijo el segundo.
—Esperar a **que** cante —declaró un tercero, **que** era un sabio.

LEYENDA JAPONESA
en *El libro de la imaginación*

Separa los nexos de los interrogativos.

nexos _____ _____ _____

interrogativo _____
Observa que **cuando** y **que** únicamente actúan como nexos. No tienen valor ni interrogativo ni exclamativo. Por eso no llevan acento gráfico.

IV. Acentúa las palabras en negritas cuando sea necesario.

1. Me contestaron **que** no sabían **cuando** iban a regresar.
2. ¡**Como**! ¿Estabas aquí? Pues, ¿a **que** hora llegaste **que** no me di cuenta?
3. A veces **cuando** pienso **que** lejana está ya mi juventud y **cuantas** cosas he dejado sin hacer. . .
4. ¿En **donde** quedaron los lápices **que** acabamos de comprar?
5. No saben **cual** es tu expediente ni **cual** es el mío. No sé **como** van a resolver esto.
6. Se pone furioso si le hablan por teléfono **cuando** está estudiando, pero, **quien** va a adivinar a **que** hora estudia.
7. Ya lo buscaron **donde** les dijiste y no lo encuentran, ¿no estará en el lugar **que** dijo Roberto?
8. Las personas con **quienes** nos entrevistamos ayer no saben en **cuanto** tiempo podrán terminar el trabajo.
9. **Como** no tengo tiempo ahorita, ni sé **cuando** lo voy a tener, no puedo darles una cita. Ya lo haré en **cuanto** pueda.
10. El niño se porta **como** loco, razón por la **cual** no hay nadie **que** quiera cuidarlo.

(Comprobación 13. p. 273)

V. Escribe en dos columnas, en el orden en que aparecen en las oraciones, las palabras que no acentuaste (nexos) y la que sí acentuaste (interrogativos o exclamativos).

(nexos)

1. _____ 5. _____ 9. _____
2. _____ 6. _____ 10. _____
3. _____ 7. _____ 11. _____
4. _____ 8. _____ 12. _____
                                          13. _____

(interrogativos y exclamativos)

1. _____ 3. _____ 5. _____
2. _____ 4. _____ 6. _____

7. _____ 9. _____ 11. _____
8. _____ 10. _____ 12. _____
                                                  13. _____

(Comprobación 14. p. 273)

─────────────POR QUÉ /PORQUÉ/PORQUE

VI. Lee atentamente.

(14) LÁGRIMAS

En sus *Memorias,* Alejandro Dumas dice que era un niño aburrido, aburrido hasta llorar. Cuando su madre lo encontraba así, llorando de aburrimiento, le decía:

— ¿**Por qué** llora Dumas?

— Dumas llora **porque** Dumas tiene lágrimas —contestaba el niño de seis años.

GASTÓN BACHELARD
en *El libro de la imaginación*

Escribe a continuación las palabras en negritas.

_____   _____

OBSERVA:

por qué es una forma interrogativa (directa o indirecta).
porque es una conjunción causal; es decir, introduce una oración que expresa causa o razón.
porqué es un sustantivo. Equivale a ''la causa''.

VII. Acentúa las palabras en negritas cuando sea necesario.

1. No entiendo **por que** no han venido todavía.
2. ¿**Por que** no fueron a la conferencia?
3. No nos quieren decir el **porque** de su decisión.
4. No podemos salir **porque** no hemos terminado el trabajo.

(Comprobación 15. p. 273)

─────────────ÉSTE / ESTE

VIII. Lee con atención.

(15) ACASO IMPOSIBLE

Nevaba cuando el ómnibus lo dejó frente al hotel. Pensó que era la segunda vez que veía nieve. La otra había sido en Nueva York, en un repentino viaje que debió realizar (al igual que **éste,** por cuenta de la Sociedad Anónima) hacía casi tres años (. . .) Pensó que en **este** momento le hubiera gustado tener cerca a Clara, su mujer, y a Eduardo, su hijo de cinco años.

MARIO BENEDETTI
La muerte y otras sorpresas

Escribe a continuación las palabras en negritas.

_____   _____

Los demostrativos (este, ese, aquel) pueden llevar o no acento, dependiendo de su función gramatical.

No llevan acento gráfico cuando actúan como adjetivos; esto es, cuando van seguidos de un sustantivo al cual modifican.

esta casa   aquel día

Generalmente se colocan antes del sustantivo, pero en ocasiones pueden ir después.

la casa esta   el día aquel

IX. Lee con atención.

1. **Este libro** no me interesa.
2. Es importante leer **estos ensayos.**
3. Mi tía vivía en **esta casa.**
4. Voy a necesitar tiempo para hacer **estas traducciones.**

5. No va a estar listo para **ese día.**
6. En **esos artículos** puedes encontrar la información.
7. **Esa señora** es la mamá de Teresa.
8. No puedo abrir **esas cartas.**

9. En **aquel tiempo** no existía la electricidad.
10. No es posible usar hoy **aquella escalera.**
11. Con **aquellos zapatos** no podía caminar bien.
12. Pueden hablar con **aquellas personas.**

X. Escribe a continuación, en el orden en que aparecen, las palabras en negritas.

_____   _____   _____

_____   _____   _____

_____   _____   _____

_____   _____   _____

La primera palabra de cada conjunto es un *adjetivo demostrativo;* la segunda es un _____

(Comprobación 16. p. 273)

Podemos decir entonces:

> Cuando los demostrativos *este, ese, aquel* actúan como adjetivos (es decir, cuando acompañan a un sustantivo al cual modifican) *no* llevan acento gráfico.

> *ATENCIÓN:* Los demostrativos
>
> ESTO   ESO   AQUELLO
>
> **nunca** se acentúan.

ÉSTE — ÉSE — AQUÉL

XI. Lee con atención.

(16) TRES HOMBRES EN EL BOSQUE

Tres hombres marchaban por el bosque cuando, de pronto, encontraron un tigre que amenazaba desgarrarlos. El primero de ellos dijo: "Hermanos, nuestra suerte está decidida, la muerte es segura, el tigre va a devorarnos." Hablaba así porque era fatalista.

El segundo exclamó: "Hermanos, ¡imploremos juntos al Dios Todopoderoso! Sólo la gracia de Dios puede salvarnos." **Éste** era piadoso. Pero el tercero dijo: "¿Por qué molestan a Dios? Mejor será que inmediatamente nos subamos a estos árboles." **Éste** en verdad amaba a Dios.

ZIMMER: WESHEIT INDIENS
en *El libro de la imaginación*

Escribe a continuación las palabras en negritas.

_____   _____

Ya habrás notado que ambas llevan acento gráfico y que su función no es adjetiva porque no acompañan a un sustantivo.
Observa cuidadosamente las oraciones en que aparecen los demostrativos del texto (16).

Éste era piadoso
Éste en verdad amaba a Dios.

En estas oraciones el demostrativo **éste** es un pronombre y se refiere a un término ya mencionado antes; en otras palabras, el uso del pronombre evita la repetición innecesaria de una palabra que ya se ha dicho antes. En las oraciones del texto (16) que estamos observando, ¿cuál es la palabra a la que se refieren? _____

(Comprobación 17. p. 273)

Sería innecesario decir:

    Este hombre era piadoso.
    Este hombre en verdad amaba a Dios.

> Entonces, para evitar esa repetición usamos un **pronombre demostrativo**. Los pronombres demostrativos llevan acento gráfico.

RECUERDA:

        esto   eso   aquello

nunca llevan acento gráfico.

XII. Acentúa las palabras en negritas cuando sea necesario. Recuerda que también acentuamos las mayúsculas.

1. No les interesan **estos** artículos; prefieren **aquellos**.
2. **Esa** no es mi obligación. Yo sólo tengo que arreglar **estos** documentos.
3. No saben nada de **eso** porque **esta** no es la oficina de trámites.
4. Cuando veas **esa** película me dices si crees que es mejor que **esta**.
5. En **aquellos** tiempos no existían ni la luz ni el teléfono. **Estos** son el resultado de inventos más recientes.
6. **Eso** que dices me parece superficial. Creo que podríamos buscar **aquellos** libros de los que nos habló el maestro e informarnos un poco más sobre **esto**.

(Comprobación 18. p. 273)

XIII. Lee cuidadosamente el siguiente texto y agrega todos los acentos que se han omitido.

(17) A LOS TELÉFONOS PÚBLICOS

Los telefonos publicos son un servicio muy conveniente: o, mejor dicho, serian un servicio muy conveniente si no fuera tan malo.

No se quien es el que determina donde y como se han de instalar los telefonos publicos, pero segun todo parece indicar, esta persona tiene la impresion de que por telefono nunca se dice nada serio, ni confidencial, porque los telefonos publicos lo son, no solo porque cualquiera puede usarlos, sino porque cualquiera puede oir lo que dice el que los esta usando —excepto, en muchos casos, el que esta del otro lado de la linea, porque la transmision suele ser defectuosa. Esta perso-

na tambien tiene la impresion de que los camiones no hacen ruido porque los telefonos estan a los cuatro vientos.

Los telefonos que estan en casetas tienen otra clase de inconve-
nientes. Las casetas con puertas son, a veces, inutiles, porque no se
puede salir. Estos problemas se acaban cuando alguien llega y se lleva
las puertas.

Hay, tambien, quien se divierte poniendo veintes en la via del tren
y echandolos, ya que estan hechos tortilla, en la rendija de algun telefono. Las casetas de puerta tienden a desaparecer y estan siendo susti-
tuidas por unos escudos de plastico que no permiten la entrada a nadie
que tenga mas de treinta centimetros de envergadura. Por si esto fuera
poco, ahora nos han prometido nuevos telefonos publicos, que fun-
cionan echandoles un toston, que es una moneda casi desconocida en
nuestro pais. Tienen la ventaja sobre los anteriores, de que a los tres minutos de conferencia se corta la comunicacion y para seguir hablando
hay que echar otro toston.

JORGE IBARGÜENGOITIA
Viajes en la América Ignota

Tienes que haber puesto 44 acentos en el texto. En caso de que no
coincida el número, lee el texto otra vez y trata de colocar los acentos, antes
de acudir a tu

(Comprobación 19. p. 274)

XIV. Clasifica las palabras acentuadas del texto (17) de acuerdo con
lo que se pide. No es necesario repetir palabras aunque aparezcan varias veces en el texto. (No incluyas aquí las palabras que tienen diptongo,
triptongo o acento diacrítico.)

Agudas	*Graves*	*Esdrújulas*
_____	_____	_____
_____	_____	_____
_____	_____	_____
_____	_____	_____
_____	_____	_____
_____	_____	_____
_____	_____	_____
_____	_____	_____

(Comprobación 20. p. 274)

XV. Haz una lista con las palabras acentuadas (en el orden en que aparecen en el texto) en las que se destruye el diptongo o que llevan acento diacrítico. Explica por qué las acentuaste.

1. _____ _____

_____

2. _____ _____

_____

3. _____ _____

_____

4. _____ _____

_____

5. _____ _____

_____

6. _____ _____

_____

7. _____ _____

_____

8. _____ _____

_____

9. _____ _____

_____

10. _____ _____

_____

(Comprobación 21. p. 274)

5
SIGNOS DE PUNTUACIÓN

--- EL PUNTO

I. Lee cuidadosamente.

(18) PROPIEDADES DE UN SILLÓN

En casa del Jacinto hay un sillón para morirse.(1)

Cuando la gente se pone vieja, un día la invitan a sentarse en el sillón que es un sillón como todos pero con una estrellita plateada en el centro del respaldo.(2) La persona invitada suspira, mueve un poco las manos como si quisiera alejar la invitación, y después va a sentarse en el sillón y se muere.(3)

JULIO CORTÁZAR
Historias de Cronopios y de Famas

Ahora vamos a ver algunos de los usos de los signos de puntuación: el punto, la coma, los dos puntos, etc.

A pesar de que en ocasiones el uso de algunos de ellos es cuestión de estilo, en la mayoría de los casos, sí podemos valernos de las reglas de puntuación.

> El **punto** es un signo que se usa al final de una oración. Le damos el nombre de **punto y seguido** cuando lo que decimos a continuación se relaciona estrechamente con lo que habíamos dicho antes. Usamos **punto y aparte** cuando lo que se dice a continuación se refiere a algo diferente de lo que decíamos antes. Al final de un escrito usamos **punto final.**

En la lectura **(18)** hay tres puntos. ¿Qué clase de puntos son?

(1) _____ (2) _____ (3) _____

II. Coloca los puntos que se han suprimido en el siguiente texto. Cambia la letra que va en seguida del punto por una mayúscula.

(19) EN EL INSOMNIO

El hombre se acuesta temprano no puede conciliar el sueño da vueltas, como es lógico, en la cama se enreda entre las sábanas enciende un cigarro lee un poco vuelve a apagar la luz pero no puede dormirse a las tres de la madrugada se levanta

(9 puntos; 8 mayúsculas)   VIRGILIO PIÑERA
                                              en *Cuentos breves y extraordinarios*

                                                    (Comprobación 22. p. 274)

OBSERVA:

C. Lic. Enrique Álvarez Ruiz
Sr. Dr. Jorge Lémus Pérez

Usamos **punto** después de las abreviaturas.

III. Agrega los puntos que hagan falta.

C Lic José Ma Robles Puig
Fac de Ciencias Químicas
Sría de Asuntos Escolares
U N A M
P r e s e n t e

Estimado Lic:
Me permito presentar a Ud a la Sra Ma Teresa Ruiz, la profesora
de quien habíamos hablado
La Profra Ruiz expondrá ante Ud el asunto de que se trata
Agradezco nuevamente todas sus amabilidades

                                                    Atte
                                          Ing J de Jesús Martínez C

—————————————————————————————————— **LA COMA**

IV. Lee cuidadosamente.

1. Voy a comprar varias cosas: leche, pan, mantequilla, fruta y unos cuadernos.
2. El abogado considera que es un asunto difícil, complicado e inexplicable.
3. Les interesa leer, investigar, saber. Son unos excelentes alumnos.

Usamos **coma** para separar todos los elementos de una serie de nombres, adjetivos o verbos, excepto el último cuando está precedido por alguna de las conjunciones **y, e, o, ni.**

V. Agrega las comas que hagan falta.

1. Vivir en el campo tiene varias ventajas: es más silencioso tranquilo sano y económico.
2. Traéme, por favor, un lápiz papel goma y la máquina de escribir.
3. No necesitamos ni aguja ni hilo ni tijeras.
4. Tienes que decidirte: o estudias o trabajas, pero no puedes estar sin hacer nada.

VI. Lee cuidadosamente.

Unos gritaban, otros cantaban, y los demás hablaban en voz muy alta. El hombre se detuvo, miró para todas partes con desconfianza, y luego siguió su camino.

Se usa **coma** para separar oraciones breves que aparecen seguidas, aunque lleven la conjunción **y.**

VII. Agrega las comas que hagan falta.

1. Es un alumno muy serio le gusta estudiar le interesa la investigación lee mucho y nunca falta a las clases.
2. Regresaron tardísimo abrieron y cerraron puertas hicieron mucho ruido y molestaron a todos.
3. El perro se levantó de un salto olfateó en varias direcciones anduvo un poco de aquí para allá se volvió a echar inquieto e intranquilo.

VIII. Lee cuidadosamente.

Quiero decirte, querida hija, que hemos pensado mucho en ti.
Pepe, corre a traer el periódico.
Sultán, el perro de mis vecinos, es sumamente bravo.
Benito Juárez, el Benemérito de las Américas, es una de las grandes figuras de nuestra historia.

Usamos **coma** antes y después de un vocativo (la palabra o palabras que se emplean para dirigirse directamente a una persona o para llamar a alguien). Cuando el vocativo va al principio de la oración, lleva la coma después; cuando está intercalado, va entre comas.
También va **entre comas** la aposición del sujeto (palabra o palabras que determinan o aclaran al sustantivo).

IX. Agrega las comas que hagan falta.

1. Raúl mi hermano menor se acaba de recibir de contador.
2. Mira Carlos ésta es la última vez que te lo digo.
3. Mérida la ciudad blanca es una hermosa ciudad colonial.
4. Doctor tiene usted que decirnos la verdad.

X. Lee cuidadosamente.

No están listos todavía, por consiguiente, hay que esperar.
Yo voy a salir, sin embargo, tú puedes quedarte.
Éste es, en efecto, el mejor de sus discos.
Y, por último, nos avisaron la fecha del examen.

Van **entre comas** las expresiones:

esto es	es decir	en efecto
por último	no obstante	en fin
o sea	finalmente	sin embargo
por ejemplo	tal vez	quizá
además	hasta cierto punto, etc.	

XI. Agrega las comas que hagan falta.

1. Consideramos que hasta cierto punto es correcta la opinión del abogado.
2. Quiero además comunicarles que no es necesario que presenten más pruebas.
3. La situación no está clara es decir no está lo suficientemente clara.
4. Ésta no es quizá la mejor alternativa.
5. Todos deben opinar. Tú por ejemplo que nunca participas.

XII. Lee cuidadosamente.

Jorge parece agradable; su amigo, no.
Ellas no pueden ir; sus hermanos, quizá.
Todos tienen mucho calor; pero yo, no tanto.

Se pone una **coma** en el lugar de un verbo que se ha suprimido porque se encuentra ya expresado en la oración anterior y no es necesario repetirlo.

XIII. Agrega las comas que hagan falta.

1. Los alumnos tienen que ir; los maestros no.
2. Los niños quieren refresco; nosotros cerveza.

3. Juan come muchísimo; yo mucho menos.
4. Carmen no puede venir hoy; posiblemente mañana.

XIV. Lee cuidadosamente.

Es mi deseo, pues, que continúe usted colaborando con nosotros.
Es obvio, pues, que no podremos continuar la traducción.

No pudieron ir, pues no contaban con el tiempo suficiente.
No lleva dinero, pues no piensa comprar nada.

Cuando **pues** es una conjunción continuativa va **entre comas;** cuando es causal va **precedida por coma.**

XV. Agrega las comas que hagan falta.

1. Era necesario pues que votaran todos.
2. No necesitan todo el material pues no lo van a utilizar hoy.
3. Creen que no va a venir Teresa pues ha estado enferma.
4. La realidad es pues que no se ha llegado a ninguna conclusión.

XVI. Lee cuidadosamente.

No lo compraría, aunque tuviera dinero.
No sabe lo que dice, pero habla de todas maneras.
Es un buen candidato, mas no cubre todos los requisitos.

Antes de las conjunciones adversativas (pero, sino, mas, aunque) suele ponerse una coma.

XVII. Agrega las comas que hagan falta.

1. No es necesario que repitas todo el texto sino que hagas una síntesis.
2. Con gusto les ayudo aunque no crean que sé mucho sobre el asunto.
3. Ellos quisieran ir a las conferencias pero tienen clases a la misma hora.
4. Todos los alumnos querían dar su opinión mas no hubo suficiente tiempo.

XVIII. Lee cuidadosamente.

Viendo ese programa, los niños se divierten.
Estudiado el caso, se turnó a otro abogado.
Saliendo el sol, se pusieron en camino.
Muerto el perro, se acabó la rabia.

> Se usa **coma** después de las oraciones cuyo núcleo es un gerundio (ando, iendo) o un participio (ado, ido, to, so, cho).

XIX. Agrega las comas que hagan falta.

1. Oyendo esa música siempre me acuerdo de ustedes.
2. Concluido su discurso se bajó del estrado y se retiró.
3. Intuyendo el peligro el perro empezó a ladrar furiosamente.
4. Puesto a la consideración del público se desaprobó el proyecto.
5. Conociendo a su tía sé que no le va dar el permiso.

XX. Lee cuidadosamente.

1. Te presto la máquina si la desocupo temprano.
   Si desocupo temprano la máquina, te la presto.

2. Van a la biblioteca siempre que pueden.
   Siempre que pueden, van a la biblioteca.

3. Nos avisarán cuando esté listo el trabajo.
   Cuando esté listo el trabajo, nos avisarán.

4. No iría a la reunión aunque tuviera tiempo.
   Aunque tuviera tiempo, no iría a la reunión.

> Cuando se invierte el orden de las oraciones, y escribimos primero la que debería ir después, se usa una **coma** para separarlas.

XXI. Cambia el orden de las siguientes oraciones y agrega una coma para separlas.

Ej. Te prestaría el dinero si lo tuviera.
    Si tuviera el dinero, te lo prestaría.

1. El perro lo seguirá adonde quiera que vaya.

   _____

2. El niño estará tranquilo siempre y cuando no lo molesten.

   _____

3. Vamos a leer el libro cuando podamos ir a la biblioteca.

   _____

4. No podré salir hasta que regrese la enfermera.

   _____

XXII. Lee cuidadosamente.

A. 1. El niño que estaba enojado golpeó al perro.
　　2. Los trabajadores que estaban en huelga no se presentaron a trabajar hoy.

B. El niño, que estaba enojado, golpeó al perro.
　　Los trabajadores, que estaban en huelga, no se presentaron a trabajar.

Ya habrás observado que en estas oraciones hay una diferencia: la ausencia o presencia de dos comas. También hay una diferencia de significado.

En A1 y A2 las oraciones de relativo (que estaba enojado, que estaban en huelga) nos explican cuál niño pateó y cuáles trabajadores no se presentaron. Son oraciones **determinativas**. En las B1 y B2 las oraciones de relativo (explicativas) nos dicen el estado en que se encontraban el niño y los trabajadores.

Las oraciones de relativo, cuando son explicativas, van **entre comas**.

XXIII. Agrega las comas que hagan falta para volver explicativas las oraciones determinativas que aparecen en los siguientes ejemplos.

1. El perro que tenía rabia atacó a unos niños en el parque.
2. Los pacientes que no fueron bien atendidos quieren ver al doctor ahora mismo.
3. El empleado que tiene los documentos hace varios días que no se presenta a trabajar.
4. Las personas que estaban en el secreto guardaron silencio.

XXIV. Lee cuidadosamente.

En realidad, dijo el orador, las cosas no han cambiado mucho.
La contaminación, opinan todos los especialistas, es un gran problema de las grandes ciudades.
El maíz, que en esa región se da muy bien, es un producto básico para la alimentación del pueblo.
El nuevo director, persona muy competente y preparada, no va a poder resolver los problemas de la institución.

Las oraciones incidentales (en las que se cita al autor de lo que se dice o en las que se aclara, explica o amplía lo que se comunica) van **entre comas**.

XXV. Agrega las comas que hagan falta.

1. Las vitaminas necesarias para el organismo humano comentó el doctor se encuentran en frutas y verduras.

2. La ociosidad asegura el refrán es la madre de todos los vicios.
3. La lectura hábito que deberían adquirir todos ustedes es a la vez descanso y cultura.
4. El agua dijo el orador en su discurso es propiedad de todos, y todos debemos cuidarla.

XXVI. Lee cuidadosamente.

Unas veces dice que sí, otras que no, total que no sabemos a qué atenernos.

Ya sea que lo pague él, ya que lo pague yo, de todos modos vamos a comprarlo.

Cuando las expresiones ya. . .ya, unas veces. . .otras veces, ora. . .ora, bien. . .bien, etc., van acompañadas de otras palabras, usamos **coma** entre cada oración y al final de la segunda.

XXVII. Agrega las comas que hagan falta.

1. Ora camina hacia acá ora se mueve hacia allá el caso es que no está tranquilo ni un minuto.
2. Ya estás pensando gastar el dinero ya pensando invertirlo la verdad es que no te ves muy decidido.
3. Unas veces quiero rentar una casa otras un departamento en realidad creo que todavía no estoy muy seguro.

XXVIII. Vamos ahora a continuar con el texto "Propiedades de un sillón". Hemos omitido deliberadamente todas las comas que emplea el autor. Trata de colocarlas. (15 comas)

(20) PROPIEDADES DE UN SILLÓN

En casa del Jacinto hay un sillón para morirse.

Cuando la gente se pone vieja un día la invitan a sentarse en el sillón que es un sillón como todos pero con una estrellita plateada en el centro del respaldo. La persona invitada suspira mueve un poco las manos como si quisiera alejar la invitación y después va a sentarse en el sillón y se muere.

Los chicos siempre traviesos se divierten en engañar a las visitas en ausencia de la madre y las invitan a sentarse en el sillón. Como las visitas están enteradas pero saben que de eso no se debe hablar miran a los chicos con gran confusión y se excusan con palabras que nunca se emplean cuando se habla con los chicos cosa que a éstos los regocija extraordinariamente. Al final las visitas se valen de cualquier pretexto para no sentarse pero más tarde la madre se da cuenta de lo sucedido y a la hora de acostarse hay palizas terribles. No por eso escarmientan de cuando en cuando consiguen engañar a alguna visita cándida y la hacen sentarse en el sillón. En esos casos los padres disimulan pues temen que los vecinos lleguen a enterarse de las propiedades del sillón y vengan a pedirlo prestado para hacer sentar a una u otra persona de su familia o amistad. Entre tanto los chicos van creciendo y llega un día en que sin saber por qué dejan de interesarse por el sillón y las visitas. Más bien evitan entrar en la sala hacen un rodeo por el patio y los padres que ya están muy viejos cierran con llave la puerta de la sala y miran atentamente a sus hijos como queriendo leer-en-su-pensamiento. Los hijos desvían la mirada y dicen que ya es hora de comer o de acostarse. Por las mañanas el padre se levanta el primero y va siempre a mirar si la puerta de la sala sigue cerrada con llave o si alguno de los hijos no ha abierto la puerta para que se vea el sillón desde el comedor porque la estrellita de plata brilla hasta en la oscuridad y se la ve perfectamente desde cualquier parte del comedor.

JULIO CORTÁZAR
Historias de Cronopios y de Famas

(Comprobación 23. p. 275)

EL PUNTO Y COMA

I. Lee cuidadosamente.

(21)   Estoy acostada en la misma cama donde murió mi madre hace ya muchos años; sobre el mismo colchón; bajo la misma cobija de lana negra con la cual nos envolvíamos las dos para dormir. Entonces yo dormía a su lado, en un lugarcito que ella me hacía debajo de sus brazos. Creo sentir todavía el golpe pausado de su respiración; las palpitaciones y suspiros con que ella arrullaba mi sueño. Creo sentir la pena de su muerte. . . Pero esto es falso.

JUAN RULFO
Pedro Páramo

En el texto que acabas de leer observa con atención el uso del punto y coma. Fíjate que se usa para separar frases y oraciones de alguna extensión que se refieren al mismo asunto, pero que todas juntas forman parte de una sola cláusula; en otras palabras, están relacionadas con el pensamiento principal.

> Usamos **punto y coma** para separar oraciones o frases largas y complejas.

II. En el siguiente fragmento se ha omitido deliberadamente el PUNTO Y COMA en cuatro ocasiones. Lee el texto varias veces hasta que puedas colocarlos.

(22)   Pienso cuando maduraban los limones. En el viento de febrero que rompía los tallos de los helechos, antes que el abandono los secara los limones maduros que llenaban con su olor el viejo patio.
     El viento bajaba de las montañas en las mañanas de febrero. Y las nubes se quedaban allá arriba en espera de que el tiempo bueno las hiciera bajar al valle mientras tanto dejaban vacío el cielo azul, dejaban que la luz cayera en el juego del viento haciendo circulos sobre la tierra, removiendo el polvo y batiendo las ramas de los naranjos.

Y los gorriones reían picoteaban las hojas que el aire hacía caer, y reían dejaban sus plumas entre las espinas de las ramas y perseguían a las mariposas y reían. Era en esa época.

JUAN RULFO
Pedro Páramo

(Comprobación 24. p. 275)

Observa los siguientes pares de oraciones.

Inmediatamente que entré la vi; estaba sentada en su sillita mirando fijamente al vacío.

Inmediatamente que entré la vi. Estaba sentada en su sillita mirando fijamente al vacío.

. . . .

Estaba hablando y bromeando con todo mundo; de pronto, sin razón aparente, se levantó y salió.

Estaba hablando y bromeando con todo mundo. De pronto, sin razón aparente, se levantó y salió.

Habrás notado que la diferencia entre el uso del **punto y seguido** y del **punto y coma** es mínima. En muchas ocasiones es simplemente cuestión de estilo.

III. Vuelve a escribir los siguientes textos cambiando el PUNTO Y COMA por PUNTO Y SEGUIDO.

En el momento que salía una persona me detuvo; era un extraño hombre que parecía no haber comido en varios días; de pronto me dio miedo y pensé escapar; pero después comprendí que era él el que tenía miedo; miedo y hambre.

. . . .

Se detuvo desconcertado; miró para todas partes como buscando algo y siguió adelante; sin embargo, después de dar unos cuantos pasos, cambió de opinión; se detuvo nuevamente y volteó la cabeza para todas partes.

IV. Lee cuidadosamente las siguientes oraciones.

Creí que Pepe vendría, pero no vino.
Todos me aseguraron que Pepe vendría; pero yo sabía que esto era imposible.

No te diría nada, aunque lo supiera.
No te diría nada del problema de Isabel; aunque podría hacerlo porque estuve allí y sé lo que pasó.

Se usa **punto y coma** antes de las conjunciones adversativas (pero, aunque, sino, sin embargo, etc.) cuando separan oraciones de alguna extensión.

RECUERDA:

Cuando se trata de oraciones breves, usamos **coma** antes de las conjunciones adversativas.

V. Usa COMA o PUNTO Y COMA según se requiera.

1. No nos parece que el texto esté sintetizado sino simplemente cortado aquí y allá.
2. Todos recibieron una muy amable invitación a la ceremonia sin embargo algunos ni siquiera contestaron.
3. Es importante resumir las ideas principales pero no transformarlas.
4. Deben leer el periódico aunque sólo sea la primera sección.
5. Era conveniente que asistieran todos pero, a pesar de que se les llamó, no todos vinieron.

OBSERVA:

Para elaborar un trabajo de investigación se debe:

a) hacer un esquema del trabajo;
b) formular la o las hipótesis que se van a probar;
c) plantear la metodología que se va a seguir;
d) desarrollar cada uno de los aspectos de la investigación; etc.

Usamos **punto y coma** cuando enumeramos los diversos incisos de un escrito legal, técnico, científico, etc.

LOS DOS PUNTOS

VI. Lee con atención.

(23)   No es raro oír en España a un señor vociferando: "¡Te lo digo yo!", ante la duda de alguien (. . .) y para rematar un asombrado ¿Por qué? esta preciosa fórmula intelectual: ¡Porque sí, ea!

. . . .

Cuando en Francia, Inglaterra, Italia no se comprende bien lo que otro ha dicho se dice: ¿Perdón? Es decir, me excuso por no haberle oído bien. El español cree siempre que de esa incomprensión tiene la culpa el otro y dice: ¿Qué? Es decir, exprésese mejor, hombre, si quiere que se le entienda.

FERNANDO DÍAZ-PLAJA
El español y los siete pecados capitales

Observa en los fragmentos anteriores el uso de los dos puntos; fíjate que se colocan antes de escribir lo que dice otra persona.

> Usamos **dos puntos** antes de citar las palabras o pensamientos de otra persona.

VII. Agrega DOS PUNTOS cuando haga falta.

(24) ¡ÉSE SOY YO!

Cuando vi sacar aquel cadáver del agua, grité
— Ése soy yo. . . Yo.
Todos me miraron asombrados, pero yo continué
"Soy yo. . . Ese es mi reloj de pulsera con un brazalete extensible. . . Soy yo."
—¡Soy yo!. . .¡Soy yo!— les gritaba y no me hacían caso, porque no comprendían cómo yo podía ser el que había traído el río ahogado aquella mañana.

RAMÓN GÓMEZ DE LA SERNA
Caprichos
en *El libro de la imaginación*

(Comprobación 25. p. 276)

VIII. Lee con atención.

(25) Nos conocimos a la entrada del cine, haciendo cola (. . .) En la cola todos estaban de a dos, pero además eran auténticas parejas: esposos, novios, amantes, abuelitos, vaya uno a saber.

MARIO BENEDETTI
"La noche de los feos"
en *La muerte y otras sorpresas*

(26) Aguardó con atención: al cabo de un momento escuchó, muy lejanas, las noticias de ella al otro lado de la muralla.

ERACLIO ZEPEDA
Asalto Nocturno

(27) No puedo olvidarme de lo que leí anoche: la fruta del pan salvó a Sandokan y a sus compañeros en una lejana Malasia.

PABLO NERUDA
Confieso que he vivido

(28) "Formé parte del pelotón que fusiló a Maximiliano (. . .) Los recuerdo muy bien: Maximiliano al centro y Miramón del otro lado.

SARA MOIRÓN
*"La vida íntima del sargento
de la Rosa"*
en *Personajes de mi ciudad*

Observa con atención el uso de los **dos puntos** en los fragmentos que acabas de leer. Fíjate que en ellos lo que viene a continuación de los dos puntos es una explicación de lo anterior.

Usamos **dos puntos** cuando la segunda oración es una explicación, consecuencia o resumen de la anterior.

IX. Agrega los dos puntos que se han omitido en los siguientes textos.

(29) *a)* Se dijo después que muchos vecinos habían oído voces y pasos extraños durante toda la noche, que los forasteros hicieron preguntas capciosas a ése y aquél; pero las versiones de lo preguntado eran contradictorias ¿habían querido saber el número de sacerdotes o de policías que hay en el pueblo? . . .

. . . .

b) Por otra parte, al Director no le cabía duda eran espías al servicio de fuerzas disolventes que pretenden acabar con el régimen pacifista y progresista de la República.

. . . .

c) Una cosa lo detuvo para dar inmediata cuenta a la superioridad el juzgarse culpable de no haber aprehendido a los sospechosos. . .

. . . .

d) Ese y los días siguientes fueron interrogados estrechamente cuantos entraron al pueblo, cualquiera fuese la parte de donde venían; se hizo pesquisa entre los vecinos de rancherías apostados junto a los lugares de tránsito; resultó inútil nadie daba razón de haber visto a aquellos hombres.

AGUSTÍN YÁÑEZ
Al filo del agua

(Comprobación 26. p. 276)

X. Lee con atención.

(30)   En otros casos la exageración con que el español habla, hace que la auténtica interpretación se descubra sólo al repetir la palabra. Por ejemplo: "Fulano está loco". . ., sólo significa que hace cosas con las que no está de acuerdo el que habla (. . .) Si se quiere advertir que Fulano es realmente un caso psicopático, habrá que insistir: "Fulano está loco, pero no loco. . . sino ¡loco-loco!".

FERNANDO DÍAZ-PLAJA
El español y los siete pecados capitales

(31)   Las flores rompen su clausura de patios y salen a la calle, hacia la iglesia; flores finas y humildes: magnolias, granduques, azucenas, geranios, nardos, alcatraces, margaritas, malvas, claveles, violetas, ocultamente cultivadas, fatigosamente regadas con aguas de profundos pozos. . .

AGUSTÍN YÁÑEZ
Al filo del agua

Una vez observado el uso de los **dos puntos** en los fragmentos anteriores, habrás advertido que se usan antes de enumerar y después de la expresión "por ejemplo".
Podemos decir entonces:

Se usan **dos puntos** antes de una enumeración (31) y después de expresiones como: por ejemplo, los siguientes, como sigue, son, a saber, etc., que generalmente introducen también una enumeración.

XI. Agrega DOS PUNTOS donde haga falta.

a) Distanciamiento y adustez también se rompen cuando llegan las horas graves de la miseria humana enfermedades, muerte, tristezas, reveses. . .

b) Desde la Cruz, el pueblo panorámico, hacia la Cruz abierto calles, patios, corrales, azoteas botón que revienta hacia la Cruz del monte.

c) Los pueblos están exasperados bajo el imperio de estos tres caciquismos el del monopolio, el judicial y el administrativo. . .

d) y María reside lejos, en el tiempo de las novelas, en el espacio de las ciudades remotas París, Viena, Constantinopla.

AGUSTÍN YÁÑEZ
Al filo del agua

(Comprobación 27. p. 276)

OBSERVA:

Las siguientes palabras podrían ser diferentes maneras de empezar una carta:

Querida tía:

A pesar de que. . .

Muy estimado licenciado:

En relación con. . .

Muy señores míos:

Tengo el gusto de. . .

Usamos **dos puntos** después de las fórmulas de cortesía o de saludo con las que iniciamos una carta, un discurso, una circular, etc.

EL PARÉNTESIS

XII. Lee con atención.

(32)   Hace muchos años vivía en Grecia un hombre llamado Ulises (quien a pesar de ser bastante sabio era muy astuto), casado con Penélope, mujer bella y singularmente dotada. . .

*   *   *

La vaca, la cabra y la paciente oveja se asociaron un día con el león para gozar alguna vez de una vida tranquila, pues las depredaciones del monstruo (como lo llamaban a sus espaldas) las mantenían en una atmósfera de angustia y zozobra de la que difícilmente podían escapar como no, fuera por las buenas.

*   *   *

En la selva vivía hace mucho tiempo un fabulista cuyos criticados se reunieron un día y lo visitaron para quejarse de él (fingiendo alegremente que no hablaban por ellos sino por otros), sobre la base de que sus críticas no nacían de la buena intención sino del odio.

AUGUSTO MONTERROSO
La oveja negra y demás fábulas

Observa el uso del paréntesis en los textos que acabas de leer. Fíjate que lo que se encierra entre paréntesis es una observación al margen del objeto principal de lo que se dice. Incluso se podría quitar y no alteraría la oración principal, sólo se quitaría una explicación adicional. Lee las oraciones anteriores omitiendo lo que está entre paréntesis y observa que son oraciones completas.

Usamos el **paréntesis** para intercalar una observación de carácter explicativo, relacionada con lo que se está diciendo.

XIII. Intercala una oración explicativa. Usa el paréntesis.

Ej.   Después de unos minutos (*que me parecieron horas*), apareció el empleado con los papeles.

1. Vinieron varias personas: Marta, Rosario, el doctor Juárez y su esposa _____

y varios estudiantes.

2. El licenciado Jorge Ruiz Alemán vino en su coche _____ con otras tres personas.

3. Mañana _____ tengo dos

exámenes bastante difíciles.

4. El maestro Coronado nos pidió un libro _____

_____ para el próximo lunes.

5. Quiero que todas mis hijas _____

_____ se reúnan el próximo domingo.

ATENCIÓN:

Es frecuente sustituir el paréntesis por el guión largo. Así:

Después de unos minutos —que a mí me parecieron horas—, apareció el empleado con los papeles.

XIV. **Vuelve a escribir las oraciones del ejercicio XIII, sustituyendo los paréntesis por guiones largos.**

1. _____

_____

2. _____

_____

3. _____

_____

4. _____

_____

5. _____

_____

También ponemos entre paréntesis las fechas, etimologías, autores, explicaciones de abreviaturas, etc.

1) La guerra civil española (1936-1939) fue larga y sangrienta.
2) El ébano (del latín ebĕnus) es un árbol de madera negra en el centro, dura y pesada.
3) La Ley de la evolución de las especies (Darwin) marca un importante cambio en el pensamiento del hombre.
4) Durante la última reunión del CELE (Centro de Enseñanza de Lenguas Extranjeras) se tomaron varias decisiones importantes para los alumnos.

XV. Lee con atención los siguientes textos. En ellos se han suprimido algunos signos de puntuación. Agrégalos.

> Tienes que poner: *1* punto y coma   *1* dos puntos   *4* guiones

(33) FALLIDO

Una vez hubo un hombre que escribía acerca de todas las cosas nada en el universo escapó a su terrible pluma, ni los rumbos de la rosa náutica y la vocación de los jóvenes, ni las edades del hombre y las estaciones del año, ni las manchas del sol y el valor de la irreverencia en la crítica literaria.

Su vida giró alrededor de este pensamiento "Cuando muera se dirá que fui un genio, que pude escribir sobre todas las cosas. Se me citará como a Goethe mismo a propósito de todos los asuntos."

Sin embargo, en sus funerales que no fueron por cierto un brillante éxito social nadie lo comparó con Goethe. Hay además en su epitafio dos faltas de ortografía.

JULIO TORRI
en *El libro de la imaginación*
(Comprobación 28. p. 276)

> Tienes que poner: *2* dos puntos   *5* paréntesis

(34) DIÁLOGO DE SORDOS

Cada vez era más tensa la situación entre los dos partidos los sordos del Norte y los sordos del Sur. Los sordos del Sur cuyo distintivo era una bandera colorada tiraban diariamente cinco cañonazos, pero como los sordos del Norte cuyo distintivo era una bandera blanca no los oían, el efecto intimidatorio no era demasiado exitoso. Los sordos del Norte, por su parte, ametrallaban noche a noche los baluartes sordisurdeños, pero los sordos del Sur seguían imperturbables jugando a la escoba de quince. Apenas si una noche un cabo dijo "¡Salud!" al sargento, creyendo que éste había estornudado.

El gasto de municiones aumentaba semana a semana, pero el hecho de que no hubiera bajas en ninguno de los bandos o por lo menos que no se oyera cuando bajaban comenzó a preocupar seriamente a los comandos respectivos. De común acuerdo resolvieron efectuar una reunión secreta o sea que sólo fue comunicada al Pentágono a fin de regularizar la situación bélica.

Dos sordos del Sur se encontraron, en un lugar equis de la frontera, con dos sordinorteños, en tanto se hacía llegar a ambos ejércitos por escrito, ya que la vía oral no es demasiado segura entre los sordos la orden de un provisorio alto el fuego.

MARIO BENEDETTI
en *Letras de emergencia.*
(Comprobación 29. p. 276)

EL GUIÓN LARGO

I. Lee cuidadosamente.

(35) SOBRE LAS OLAS

El día anterior la mujer me encargó la compostura del reloj: pagaría el triple si yo lo entregaba en veinticuatro horas. Era un mecanismo muy extraño, tal vez del siglo XVIII, en cuya parte superior navegaba un velero de plata al ritmo de los segundos.

Toqué en la dirección indicada y la misma anciana salió a abrirme. Me hizo pasar a la sala. Pagó lo estipulado.

Le dio cuerda al reloj y ante mis ojos su cuerpo retrocedió en el tiempo y en el espacio, recuperó su belleza —la hermosura de la hechicera condenada siglos atrás por la Inquisición— y subió al barco que, desprendido del reloj, zarpó en la noche, se alejó para siempre de este mundo.

BERNARD M. RICHARDSON
en *El libro de la imaginación*

(36) IMAGINATIVO

Veinte minutos de inhalación, dos veces al día. ¡Mortal!
—¿En qué piensa usted mientras está bajo el chorro de vapor?
—En toda clase de cosas: en la muerte, en mi hermano Joseph. . .
—Creí que usted no tenía hermano.
—¡Oh! Eso no impide que piense en él.

ANDRÉ GIDE
en *El libro de la imaginación*

Ya en páginas anteriores habíamos visto que es frecuente utilizar guiones largos para intercalar oraciones incidentales. En el texto **(35)** has podido observar el uso de estos signos. Después de haber leído cuidadosamente el texto **(36)** habrás advertido otro uso del guión largo: en los diálogos señala la intervención de cada interlocutor.

Usamos el guión largo:
* para separar elementos incidentales que se intercalan en una oración;
* para señalar en los diálogos la intervención de cada interlocutor.

ATENCIÓN:

Cuando después del guión largo se necesita un signo de puntuación, éste se coloca después del guión.

Así:

—,   —:   —.   —;

II. Agrega los guiones que se han omitido en el siguiente texto.

Tienes que poner: *6* guiones

---

(37) PERSONALIDAD DIVIDIDA

Tengo razones fundadas, doctor dijo el hombre de impoluto traje blanco, pacientemente recostado en el diván del psiquiatra, para suponer que padezco de una personalidad dividida.

El psiquiatra anotó en su libretita que, tentativamente, desechaba la presencia de una esquizofrenia: en general, una persona afectada de tal dolencia evita la consulta con el médico.

La consulta duró casi dos horas. Hubo preguntas cortas y respuestas largas. Aparentemente más tranquilo, el hombre se despidió del psiquiatra, pagó a una secretaria el valor de la consulta y ganó la puerta.

En la calle, vestido de negro riguroso, le esperaba otro hombre.

¿Lo confirmaste? preguntó el hombre de negro.

No sé fue la respuesta del hombre de blanco.

Luego se fundieron en un solo individuo, enfundado en un traje gris.

ÁLVARO MENÉNDEZ LEAL
en *El libro de la imaginación*

(Comprobación **30**. p. 277)

EL GUIÓN

El **guión**, como vimos ya al principio de este curso, sirve para dividir las palabras cuando no caben al final de un renglón.

RECUERDA:

Los diptongos y triptongos nunca se dividen.

III. Divide en sílabas.

1. devuelto _____   5. cientos _____

2. ahumado _____   6. adecuado _____

3. cuadro _____   7. maullar _____

4. coincide _____   8. herencia _____

Tampoco se separan al final de un renglón las letras *rr, ll* y *ch.*

IV. Divide en sílabas.

1. cachorro _____   4. chinchorro _____

2. arroz _____   5. cállate _____

3. callejón _____   6. agarrado _____

Usamos también *guión* en las palabras compuestas cuando están formadas por elementos que se oponen o contrastan. (Si esto no sucede, las compuestas forman una sola palabra: latinoamericano).

franco-canadiense   teórico-práctico

LOS PUNTOS SUSPENSIVOS

V. Lee cuidadosamente.

(38) HIPÓTESIS

La gripe es una enfermedad peligrosa.

Yo conocí una niña en nochebuena, quien soportó la enfermedad sin quejarse.

Le subió la fiebre hasta más allá de lo inconmensurable.

Ardió su cuerpo, su ropa, la cama, la recámara, la casa, una manzana entera, su barrio, la ciudad. . . Las llamas se extendieron a todo el universo, a todo el universo que entonces empezó a formarse como le conocemos hoy.

LEOPOLDO BORRÁS
en *El libro de la imaginación*

(39) LOS NUEVOS HERMANOS SIAMESES

Era una mujer que tuvo dos hijos gemelos y unidos a lo largo de todo el costado.

—No podrán vivir —dijo un doctor.

—No podrán vivir —dijo otro, quedando desahuciados los nuevos hermanos siameses.

Sin embargo, un hombre con fantasía y suficiencia, que se enteró del caso, dijo:

—Podrán vivir. . . Pero es menester que no se amen, sino que, por el contrario, se odien, se detesten.

Y dedicándose a la tarea de curarlos, les enseñó la envidia, el odio, el rencor, los celos, soplando al oído del uno y del otro las más calumniosas razones contra el uno y contra el otro, y así el corazón se fue repartiendo en dos corazones, y un día un sencillo tirón los desgajó y los hizo vivir muchos años separados.

OSCAR WILDE
en *El libro de la imaginación*

Ya habrás observado en los textos anteriores que usamos los puntos suspensivos para dejar incompleto o en suspenso lo que se dice. Esto es, los empleamos para expresar duda, temor, incertidumbre. Tienen otros usos. Observa:

—¿Por qué te llevas los lápices y el papel de tu hermano?
—¡Ay! No importa. Ojos que no ven. . .

—¿Qué compraste?
—Papas, cebollas, limones. . . Todo lo necesario.

Usamos **puntos suspensivos** para dejar incompleto o en suspenso lo que decimos. También para indicar que el oyente ya sabe lo que sigue. (Esto es frecuente con los dichos y refranes.)
    Los empleamos también con una enumeración en lugar de ''etcétera'', ''así sucesivamente''. . .

VI. Agrega los puntos suspensivos que se han suprimido.

Tienes que poner: *4* puntos suspensivos

---

(40) . . . a ustedes, señores militares, y a ustedes de la escuadra de fusilamiento suplico, en nombre de mis compañeros, que no nos apunten a la cabeza aquí están nuestros cuerpos y se abrió la levita.

Fueron años muy duros aquellos, pero me siento orgulloso de haber tenido la oportunidad de con las armas en la mano, defender a mi patria en días tan difíciles Dejé el ejército en 1904, cuando el general Bernardo Reyes era ministro de Guerra ya estaba cansado y enfermo.

Tienes que poner: *7* puntos suspensivos

Por eso agradecemos la supervivencia de esos mexicanos geniales que se ganan la vida vendiendo esperanzas, sueños: billetes de lotería.
''El cero, que llama dinero''

"Juéguesela 'ora estoy en mi día de suerte y le convido se va a arrepentir por no hacerme caso"

"Aquí está el que buscaba Un cachito y el viajecito a Europa, patrona, aunque no me lleve."

Y siguen alegremente ofreciendo optimismo, esperanzas, sueños

Fragmento de "La vida íntima del Sargento
de la Rosa" y de "Juéguesela, patroncita"
en *Personajes de mi ciudad*

(Comprobación 31. p. 277)

——————————— LOS SIGNOS DE INTERROGACIÓN

VII. Lee atentamente.

(41) CERO EN GEOMETRÍA

Henry miró el reloj. Dos de la madrugada. Cerró el libro con desesperación. Seguramente que mañana sería reprobado. Entre más quería hundirse en la geometría, menos la entendía. Dos fracasos ya, y sin duda iba a perder un año. Sólo un milagro podría salvarlo. Se levantó ¿Un milagro? ¿Y por qué no? Siempre se había interesado en la magia. Tenía libros. Había encontrado instrucciones sencillísimas para llamar a los demonios y someterlos a su voluntad. Nunca había hecho la prueba. Era el momento, ahora o nunca.

Sacó del estante el mejor libro sobre magia negra. Era fácil. Algunas fórmulas. Ponerse al abrigo en un pentágono. El demonio llega. No puede nada contra uno, y se obtiene lo que se quiera. Probemos.

Movió los muebles hacia la pared, dejando el suelo limpio. Después dibujó sobre el piso, con un gis, el pentágono protector. Y después, pronunció las palabras cabalísticas. El demonio era horrible de verdad, pero Henry hizo acopio de valor y se dispuso a dictar su voluntad.

—Siempre he tenido cero en geometría— empezó.

—A quién se lo dices. . . —contestó el demonio con burla.

Y saltó las líneas del hexágono para devorar a Henry, que el muy idiota había dibujado en lugar de un pentágono.

FREDERIC BROWN
en *El libro de la imaginación*

Observa en el texto que acabas de leer el uso de los signos de interrogación. Entre ellos se encierra una oración interrogativa o una parte de la oración que es objeto de pregunta.

> Usamos los signos de interrogación con oraciones o palabras de carácter interrogativo.

Si lo que va entre signos de interrogación es una oración completa, tanto la interrogativa como la oración que le sigue se escriben con mayúscula.

¿No lo conoces? Yo estaba seguro de que sí.

Si la interrogativa es la segunda parte de la oración, empieza con minúscula y, a veces, va precedida de una *coma.*

Pero, ¿no lo conocías?
Pero ¿no lo conocías?
Ya te lo habían presentado, ¿verdad?

Si, por el contrario, la interrogativa tiene una continuación, ésta se escribe con minúscula.

¿No lo conocías? —le preguntaron todos.

OBSERVA:

Vino tu querido (?) amigo Octavio.

Un signo de interrogación entre paréntesis denota duda. Puede tener un sentido irónico.

LOS SIGNOS DE ADMIRACIÓN

Se usan igual que los de interrogación, pero con oraciones exclamativas.

¡Qué barbaridad! ¡Nunca me lo hubiera imaginado!

Las interjecciones suelen usarse entre signos de admiración.

¡Ay! ¡Qué tremendo!
¡Ah! No lo sabía.

Cuando usamos un solo signo de admiración entre paréntesis, queremos expresar asombro, incredulidad.
Marta dijo que ella era muy puntual (!). Naturalmente, todos nos reímos.

VIII. Agrega los signos de admiración e interrogación que se han suprimido en los siguientes textos.

Tienes que poner: *5* signos de admiración   *1* signos de interrogación

---

(42) OTRA VEZ "EL CUERVO Y LA ZORRA"

El Cuervo, subido a un árbol, estaba no con un queso según dice la fábula clásica, sí con un sangriento pedazo de carne en el corvo pico. Llegó el zorro. El olor lo hizo levantar la cabeza, vio al cuervo banqueteándose, y rompió a hablar.

—Oh hermoso cuervo Qué plumaje el tuyo Qué lustre No cantas, cuer-

vo Si tu voz es tan bella como tu reluciente plumaje, serás el más magnífico de los pájaros Canta, hermoso cuervo
El cuervo se apresuró a tragar la carne, y dijo al zorro.
— He leído a La Fontaine.

ÁLVARO YUNQUE
en *El libro de la imaginación*

(Comprobación 32. p. 277)

Tienes que poner: *3* signos de admiración   *2* signos de interrogación

(43) PIÑATA

Posadas A esta sola palabra brillan de entusiasmo los ojos infantiles, porque para todos los niños significa nueve noches de cánticos, velitas, procesiones, dulces y sobre todo. . . piñatas
Colgadas del centro del patio, oscilan en el aire, todas decoradas, esperando el momento cumbre en que un niño, con los ojos vendados, tratará de romperla de un golpe, provocando la lluvia de fruta.
Todos sabemos que las piñatas están formadas de una olla de barro sobre la que se adhieren las más diversas decoraciones, pero quién concibe estos ornamentos, qué manos colocan pacientemente adorno tras adorno, para que en un momento dado zas todo el trabajo quede destruido, entre los gritos y la algarabía de los niños

SARA MOIRÓN
Personajes de mi ciudad

(Comprobación 33. p. 277)

LAS COMILLAS

IX. Lee con atención.

(44) SANTA CLAUS NO EXISTE: EL RETORNO DE DIONISOS

Este año el comercio ha empezado a celebrar el nacimiento de Cristo antes aun de conmemorar la Revolución. Una estación de radio emite todos sus anuncios, algunos de ellos cantados, sobre fondo de música "navideña". La mezcla que resulta de los coros de niños cantando himnos luteranos con ". . .ponga la basura en su lugar", o con la noción (aunque sea) de esos condominios "que los hay desde trescientos setenta mil pesos con sólo el diez por ciento de enganche, etc." abunda en regocijantes confusiones e involuntarias jitanjáforas; como los coros entonando "Venite adoremus" para un fraccionamiento remoto de esos que siempre están "a cinco minutos del Zócalo".

SALVADOR ELIZONDO
Contextos

Las **comillas,** como habrás observado en el texto que acabas de leer, tienen varios usos. Se emplean para dar un sentido irónico.

En el texto **(44)** hay tres palabras o frases encerradas entre comillas para señalar ironía, ¿puedes encontrarlas? Escríbelas a continuación:

1. _____

2. _____

3. _____

(Comprobación 34. p. 278)

Entre **comillas** se ponen también frases célebres, populares, conocidas. Hay un ejemplo en el texto. Escríbelo.

_____

(Comprobación 35. p. 278)

También entre **comillas** se ponen los apodos o sobrenombres.

Juan García, "El Muelas"
Margarita, "La Chata"

Se usan las **comillas** para resaltar alguna palabra o frase o para citar las palabras de otra persona.

En las siguientes oraciones coloca comillas donde hagan falta.

A don Benito Juárez se debe la famosa frase: El respeto al derecho ajeno es la paz.

El padre contestó: Déjame pensar en esto.

¿Por qué pusiste las comillas? _____

_____

(Comprobación 36. p. 278)

———————— OTROS SIGNOS ORTOGRÁFICOS

LA DIÉRESIS

X. Lee las siguientes palabras.

lingüística   paragüero   pingüino

La **diéresis** se usa sobre la **u** de las sílabas **gue, gui** para indicar que debe pronunciarse, que no es muda.

XI. Coloca diéresis donde corresponda.

1. aguada   5. pedigueño   9. arguendero

2. pinguino   6. guitarrista   10. cigueña

3. guerrero	7. verguenza	11. guero
4. ambiguedad	8. linguista	12. halagueño

(Comprobación 37. p. 278)

EL ASTERISCO

El **asterisco** * (o un número encerrado entre paréntesis) es una llamada que avisa al lector que al pie de la página, o al final del capítulo o del libro, hay una nota acerca de lo que se está diciendo.

Cuando en una misma página se hacen varias notas se va aumentando el número de asteriscos:

        *   **   ***

En el caso de los números se utilizan: (1) (2) (3). . ., según la cantidad de notas.

EL USO DE LAS MAYÚSCULAS

XII. Lee con atención.

(45) EXVOTO

En una iglesia del pintoresco pueblo de Tepoztlán existe un retablo (exvoto) en el que se ve a un campesino, de hinojos, dando gracias a la Virgen por el milagro que le hizo. La leyenda al pie del cuadro dice: ''Juan Crisóstomo Vargas, vecino de este lugar, da gracias con toda su contrita alma a la Santísima Virgen por el milagroso favor que le hizo la noche del 22 de mayo de 1916 al haber impedido que las fuerzas zapatistas se lo llevaran como llevaron a sus tres pobrecitas hermanas.''

El hijo pródigo
en *El libro de la imaginación*

El uso de las mayúsculas es importante para poder escribir bien. Necesitamos saber cuándo se deben usar, y cuándo no. El abuso de las mayúsculas —frecuente en muchos tipos de escritos: prensa, revistas, etc.— se puede considerar como una falta de ortografía; lo mismo, claro está, la ausencia de una mayúscula obligada.

Observa en el texto (45) el uso de las mayúsculas en

    Tepoztlán   Juan   Crisóstomo   Vargas

- Se usa porque son nombres _____

- En el caso de _____ y _____ se usa

    mayúscula porque se trata de atributos divinos como Dios, Nuestro

    Señor Jesucristo, etc.

• La palabra _____ se escribe con mayúscula porque

va al principio de un escrito y siempre se empieza con mayúscula.

• La palabra _____ se escribe con mayúscula porque

va después de un punto. En este caso siempre usamos mayúscula.

(Comprobación 38. p. 278)

Además de los usos anteriores, se usa mayúscula en los casos siguientes:

Mi perro, **S**ultán, es bravo.
Madrid es la capital de **E**spaña.
El río **A**mazonas es muy caudaloso.
Las islas del **C**aribe son famosas por su belleza.
En ocasiones se puede ver la **O**sa **M**ayor.

Usamos mayúscula con nombres propios de animales, ciudades, astros
y constelaciones, así como geográficos.

Cien años de soledad.
Lo que el viento se llevó.
"Estudios sobre el habla de la ciudad de Puebla".

Va con mayúscula la primera letra del título de un libro, película o
artículo. (Excepto cuando, por su propia naturaleza debe llevar mayúscula: Puebla).

El Sábado de Gloria.
El Centenario de la Revolución.
La Facultad de Filosofía y Letras.
La Cámara de Diputados.
El siglo XVIII.
El inciso XIV.

Se usa mayúscula con los nombres de ciertas celebraciones que se han
convertido ya en nombres propios; con los nombres de las palabras bá-
sicas que se refieren a instituciones, centros, entidades, etc.; con los
números romanos.

Juana la Loca.
Isabel la Católica.
Felipe el Hermoso.
Mario Moreno, "Cantinflas".
Cervantes, "El Manco de Lepanto".
Chucho, "El Roto".

Con los calificativos que acompañan a un nombre propio, con los apodos y sobrenombres, usamos mayúsculas.

El Excmo. Señor Arzobispo.
El Presidente de la Cámara.
El Sumo Pontífice.

Se usa mayúscula con las formas abreviadas de los tratamientos y con las palabras que forman parte del título de autoridades y dignidades.

El gobierno de Venezuela ha dispuesto. . .
Funcionarios del Gobierno afirman. . .
En el estado de Puebla. . .
El gobernador del Estado. . .

Las palabras que se refieren a gobierno, estado, reino, etc., llevan mayúscula sólo cuando equivalen a nombres propios.

RECUERDA:

En ocasiones usamos mayúsculas después de los **dos puntos**.

Estimado doctor:

Me es grato comunicarle. . .
Amiga querida:

No sabes el gusto. . .

Después del encabezado de una carta, documento, oficio, circular, etc.

Dice Salvador Elizondo: ''La mariposa es un animal instantáneo inventado por los chinos''.

La primera palabra de una cita textual.

RECUERDA:

Después de los signos de interrogación o admiración es posible usar mayúscula o minúscula, según el caso.

a) ¿Ya regresaron los muchachos? Espero que sí, porque los necesito.
b) ¿Ya regresaron los muchachos? —preguntó la señora.
c) Pero, ¿no han regresado todavía los muchachos?

Si lo que va entre signos de interrogación (o admiración) es una oración completa, la que sigue empieza con **mayúscula**: a). Si la interrogativa es la primera parte de una construcción mayor b), lo que sigue va con **minúscula.**
Si la interrogativa es la segunda parte de la oración c), va con minúscula.

XIII. En los siguientes textos, títulos y nombres de autores y obras, se han omitido todas las mayúsculas. Agrégalas.

(46) metamorfosis

no era brusco gazel, pero decía cosas violentas e inesperadas en el idilio silencioso con esperanza.

aquella tarde había trabajado mucho y estaba nervioso, deseoso de decir alguna gran frase que cubriese a su mujer asustándola un poco. gazel, sin levantar la vista de su trabajo, le dijo de pronto.

—¡te voy a clavar con un alfiler como a una mariposa! esperanza no contestó nada, pero cuando gazel volvió la cabeza, vio cómo por la ventana abierta desaparecía una mariposa que se achicaba a lo lejos, mientras se agrandaba la sombra en el fondo de la habitación.

ramón gómez de la serna
caprichos
en *el libro de la imaginación*

(47) ¡ya le tocaba!

de ese urbina (el compadre y lugarteniente de pancho villa) se contaba que invitó a comer a un compadre que acababa de vender unas mulas. y a los postres, urbina, ya borracho, seguía brindando mientras enlazaba con el brazo derecho la espalda de su compadre. hacía calor y el compadre se llevó la mano a la bolsa de atrás del pantalón, para sacar la "mascada", pañolón colorado de los rancheros. urbina, en su delirio de sangre y alcohol, imaginó que el compadre sacaba la pistola, y adelantándose, sin dejar de abrazarlo, con la izquierda le perforó de un tiro el corazón. cayó el compadre muerto, y cuando lo extendieron sobre el pavimento, en su mano crispada sólo apareció el pañuelo. . . viendo lo cual, urbina se echó a llorar y decía:

—¡pobrecito de mi compadre! es que ya le tocaba. . .

josé vasconcelos
la tormenta
en *el libro de la imaginación*

(Comprobación 39. p. 278)

8

FONEMAS Y GRAFÍAS

Vamos a empezar en esta lección el estudio de las reglas de ortografía así como su práctica.

En el español de México existen 31 letras que componen el alfabeto; en cambio sólo tenemos 22 sonidos. De ahí se desprende el que una sola letra tenga que representar dos o más sonidos y el que no haya una correspondencia exacta entre ellos.

Observa el siguiente cuadro:

Letra (grafía)	Sonido (fonema)	Letra (grafía)	Sonido (fonema)
b v	[b]	g j	[j]
c s z	[s]	y ll	[y]
x	[ks]	h	[Ø] (no hay sonido)

En este cuadro estamos tratando de ver cuáles son las principales letras que ofrecen problemas ortográficos.

En las lecciones que siguen estudiaremos reglas y practicaremos palabras con cada una de ellas; sin embargo, **no debemos olvidar que la buena ortografía es producto de la práctica y de la lectura cuidadosa.**

Siempre que puedas, copia las lecturas, observa la puntuación, la escritura de las palabras, y trata de entender su uso.

―――――――――――――――――――――――――――――USOS DE LA **B**

I. Lee con atención.

(48) ALLENDE

Mi **pueblo** ha sido el más traicionado de este tiempo. De los desiertos de salitre, de las minas submarinas del carbón, de las alturas **terribles** donde yace el **cobre** y lo extraen con trabajos inhumanos las manos de mi pueblo, surgió un movimiento liberador de magnitud grandiosa. Ese movimiento llevó a la presidencia de Chile a un **hombre** llamado Salvador Allende para que realizara reformas y medidas de justicia **inaplazables,** para que rescatara nuestras riquezas nacionales de las garras extranjeras.

PABLO NERUDA

Confieso que he vivido

En la lectura (**48**) hay unas palabras en negritas.
Escríbelas a continuación.

_____   _____   _____

_____   _____   _____

Subraya la letra que está inmediatamente después de la **b.**
Subrayaste _____ y _____ .
De ahí podemos decir que:

Antes de _____ y _____ se escribe siempre **b.**

(Comprobación 40. p. 278)

II. **Escribe una palabra relacionada con cada una de las que anotaste arriba. Usa los grupos BR y BL.**

Ej.: pueblo   poblacho

1. terribles   _____

2. cobre   _____

3. hombre   _____

4. inaplazable   _____

5. Pablo   _____

III. **Escribe un verbo relacionado con el sustantivo que se da.**

Ej.   abreviatura   abreviar

1. temblor   _____   6. broma   _____

2. pobre   _____   7. publicación   _____

3. hablador   _____   8. brinco   _____

4. sable   _____   9. blusa   _____

5. abrazo   _____   10. brutalidad   _____

IV. Observa en tu lectura (48) la palabra **SUBMARINAS**. Escribe tres palabras que comiencen con la partícula **SUB**, que significa bajo, debajo, inferior.

_____   _____   _____

Observa las siguientes palabras

bilingüe   **bis**ílaba   **biz**nieto

Bilingüe es una persona que habla _____ lenguas.

Bisílaba es la palabra que tiene _____ sílabas.

Biznieto es como _____ veces nieto; es decir nieto de un nieto.

> Todas las palabras que empiezan con las partículas **sub** (bajo, debajo, inferior), **bi, bis, biz** (dos, dos veces), se escriben con **b**.

V. Completa.

1. El papá de mi abuelo es mi _____ .

2. Al que tiene la mirada torcida se le llama _____ .

3. Un título secundario que se pone a veces después del título principal
   se llama _____ .

4. Un avión con cuatro alas que, dos a dos, forman planos paralelos,
   se llama _____ .

5. Se llama _____ a la parte profunda de un terreno
   en el cual puede haber minerales.

6. Se dice _____ de lo que tiene dos polos.

7. El segundo funcionario después del director es el ____ _____ .

8. El sonido que se pronuncia con ambos labios se llama _____ .

9. Lo perteneciente o relativo a los dos lados, partes o aspectos que se
   consideran, es _____ .

10. La oración gramatical tiene dos miembros (sujeto y predicado), por
    eso, se dice que es _____ .

(Comprobación 41. p. 279)

Vuelve a escribir en tu cuaderno las oraciones que acabas de completar.

VI. Lee las siguientes palabras y escríbelas nuevamente.

abdicar   _____   _____

obtener   _____   _____

abstencionista _____   _____

obstáculo _____   _____

> Las palabras que empiezan con **abs, obs** o con **ab, ob** + *consonante* se escriben con *b.*

VII. Escribe B o V según convenga.

1. a__aricia
2. o__soleto
3. o__sceno
4. a__suelto
5. o__ación

6. a__sorber
7. a__ería
8. o__eja
9. a__ión
10. a__straer

11. a__estruz
12. a__soluto
13. o__sequio
14. o__tener
15. a__anzar

(Comprobación 42. p. 279)

Habrás notado que todas las palabras que empiezan con **ab, ob** + **consonante** se escriben con **b**. Pero:

avaricia   oveja   avión

se escriven con **v**.

OBSERVA:

Cuando el sonido [b] de [ab] , [ob] va seguido de una vocal, puede corresponder a las letras **ab, ob** o **av, ov**.

VIII. Escribe las siguientes palabras.

aval _____   _____

avance _____   _____

ave _____   _____

avellana _____   _____

avidez _____   _____

aviso _____   _____

oval _____   _____

ovario _____   _____

ovillo _____   _____

ovoide _____   _____

Consulta tu diccionario. Busca las palabras que comienzan con **ab, ob** + **vocal** y con **av, ov** + **vocal** y verás que las primeras son la mayoría.

IX. Lee.

confia**ble**-confia**bilidad**   afa**ble**-afa**bilidad**

De los adjetivos que terminan en **ble** se derivan sustantivos terminados en **bilidad**.

X. Escribe el sustantivo.

amable _____   visible   _____

estable _____   respetable   _____

responsable _____   irritable   _____

La terminación **bilidad** se escribe con **b**.

Excepto: civilidad (de civil) y movilidad (de móvil)

Escribe dos veces las excepciones.

_____   _____

_____   _____

XI. Lee,

furi**bundo**   náusea**bundo**   medita**bundo**

También la terminación **bundo** se escribe con **b**.

XII. Escribe tres palabras terminadas en BUNDO.

_____   _____   _____

XIII. Lee.

beneplácito   **bien**venido   **bené**volo

venenoso   **vien**és   **Vene**zuela

Las palabras que comienzan con **bene** o **bien** (cuando significan **bondad**) se escriben con **b**.

XIV. Escribe cuatro palabras que comiencen con BIEN o BENE (bondad).

_____ _____ _____ _____

XV. Completa con B o V de acuerdo con las tres reglas anteriores.

1. posi__ilidad
2. mori__undo
3. __iento
4. __eneno
5. __ienaventurado

6. ha__ilidad
7. __enerable
8. __enemérito
9. mo__ ilidad
10. __ientre

11. __eneficioso
12. ci__ ilidad
13. __eneciano
14. __enefactor
15. vaga__undo

(Comprobación 43. p. 279)

Vuelve a escribir en tu cuaderno las palabras del ejercicio XV.

RECUERDA: **vien**és   **vien**to   **vien**tre
              Venecia   **vene**no   **vene**rar   **vene**ro   **Vene**zuela

Estas palabras empiezan con **vien** o **vene** pero no están relacionadas con el concepto **bondad**.

XVI. Completa.

1. En esa iglesia _____ al Santo Niño de Atocha.

2. Un _____ es una persona que modifica su voz e imita las de otros. Antiguamente se creía que la voz le salía del vientre o del estómago.

3. Al originario de Venecia se le llama _____.

4. Un vienés es originario de _____.

5. Una persona de Venezuela es _____.

6. La mordida de una víbora puede ser _____.

7. De la palabra vena se deriva _____: manantial, yacimiento.

8. Un viento muy fuerte es un _____.

(Comprobación 44. p. 279)

Ya habrás observado que los derivados —y también los compuestos— conservan la ortografía original.

XVII. Busca dos palabras de la misma familia.

Ej.: vena   __intravenoso__   __venero__

1. civil   _____   _____
2. abstraer   _____   _____
3. vengar   _____   _____

 4. doble   _____   _____

 5. obeso   _____   _____

 6. móvil   _____   _____

 7. obedecer   _____   _____

 8. abdomen   _____   _____

 9. aviso   _____   _____

10. obtener   _____   _____

11. abundante   _____   _____

12. breve   _____   _____

XVIII. Lee con atención.

Cuba   hebilla   Tabasco

cubierto   hebreo   tabú

Subraya las dos letras que están antes de la **b**. Podemos formular la siguiente regla:

> **Todas** las palabras que comienzan con las sílabas _____ , _____
> y _____ se escriben con **b**.

(Comprobación 45. p. 279)

XIX. Completa con CU, HE o TA, según convenga.

1. ____baco   4. ____bique   7. ____bo

2. ____bra   5. ____bico   8. ____billa

3. ____beta   6. ____berma   9. ____bulador

Vuelve a escribir las palabras que acabas de formar.

XX. Lee con atención.

buzo   burdo   búsqueda   bondad
buzón   burocracia   buscapié   bonaerense

Subraya las tres primeras letras de las palabras que acabas de leer.
Decimos entonces:

> **Todas** las palabras que comienzan con ____ , ____ , ____ y ____ se
> escriben con **b**.

(Comprobación 46. p. 279)

XXI. Completa con BUZ, BUR, BUS, o BON, según convenga.

1. ___buja	6. ___la	11. ___ificar
2. ___cando	7. ___ócrata	12. ___ones
3. ___achón	8. ___anza	13. ___dadoso
4. ___car	9. ___capleitos	14. ___lón
5. ___guesía	10. ___sátil	15. ___to

Vuelve a escribir las palabras que acabas de formar.

XXII. Lee con atención.

haba   súbito
habitar   subordinar

Ya habrás notado que:

Después de las sílabas ____ y ____ **generalmente** usamos **b**.
En el caso de **ha** las excepciones son palabras de uso poco frecuente.
Suversivo, suversión y **suvenir** son las principales excepciones de **su**.

(Comprobación 47. p. 279)

XXIII. Completa con HA o SU, según convenga.

1. ___bitar	5. ___burbio
2. ___bana	6. ___bordinado
3. ___bitamente	7. ___bil
4. ___ber	8. ___bjetivo

Vuelve a escribir las palabras que acabas de formar.

XXIV. Lee con atención.

albóndiga   Buenos Aires
albergue   buenaventura
albúmina

Subraya las tres primeras letras de las palabras que acabas de leer.

búho
bufón   ‖   Subraya las dos primeras letras de las palabras que es-
bulto   ‖   tán a la izquierda.
buque
buñuelo   ‖

La mayoría de las palabras que empiezan con **alb, bue** y **bu** se escriben con **b**. Hay excepciones:

alv	**vue**	**vu**
Álvarez	vuelco	vulgar
alveolo	vuelta	vulnerable
	vuelto	Vulcano
	vuelo	
	vuestro	

y algunas otras de uso menos frecuente.

XXV. Completa con ALB, BUE o BU, según convenga.

1. ____jía   5. ____hardilla   9. ____llicio

2. ____acea   6. ____ahaca   10. ____erca

3. ____itre   7. ____lbo   11. ____honero

4. ____nísimo   8. ____naventuranza   12. ____ino

Vuelve a escribir las palabras que acabas de formar.

XXVI. Lee cuidadosamente.

ambiguo	tambor	embarcar
zambo	rumba	embajador
limbo	embestir	embalsamar

Subraya la letra inmediatamente anterior a la **b** en las palabras que acabas de leer.

Después de **m** se usa siempre **b**.

XXVII. Completa con una B y vuelve a escribir las siguientes palabras.

1. ám—ar   _____   9. am—ulancia   _____

2. em—udo   _____   10. rim—om—ante   _____

3. hecatom—e   _____   11. Colom—ia   _____

4. am—iente   _____   12. am—ivalente   _____

5. rum—o   _____   13. em—argar   _____

6. pam—azo   _____   14. zam—ullir   _____

7. mam—o   _____   15. em—orrachar   _____

8. cum—ia   _____   16. marim—a   _____

──────────────────────────────── VERBOS CON **B**

XXVIII. Lee.

cuidaba   andabas   recomendaban

(   )   (   )   (   )

saludábamos   caminaba   pensaban

(   )   (   )   (   )

Escribe en el paréntesis el infinito de las formas verbales que acabas de leer.

Todos los infinitivos que escribiste terminan en ____; esto es, pertenecen a la primera conjugación.

¿Sabes en que tiempo verbal están **cuidaba, andabas, recomendaban,** etc.? En _____

OBSERVA:

yo   iba
tú   ibas

Escribe el infinitivo correspondiente

ud.
él   ⟩ iba
ella

_____

¿En qué tiempo está?

En _____

nosotros   íbamos
vosotros   ibais
ellos   iban

(Comprobación 48. p. 279)

Podemos entonces decir que:

En todas las personas del **copretérito de indicativo** del verbo **ir** y de los verbos terminados en **ar** usamos **b.**

XXIX. Conjuga en el copretérito los verbos siguientes.

recordar   avanzar   buscar   bucear

_____   _____   _____   _____

_____   _____   _____   _____

_____   _____   _____   _____

_____   _____   _____   _____

_____   _____   _____   _____

_____   _____   _____   _____

ir	cocinar	amenazar	continuar
___	___	___	___
___	___	___	___
___	___	___	___
___	___	___	___
___	___	___	___
___	___	___	___

XXX. Lee.

recibamos   subieron   suscribirían
describiste   prescribió   exhibirá

Escribe los infinitivos de las formas verbales que acabas de leer.

_____   _____   _____

_____   _____   _____

Anota las tres últimas letras de estos infinitivos _____

Todos los verbos que terminan en **bir** se escriben con **b** en todas sus formas, derivados y compuestos.
Excepciones:
                    hervir — servir — vivir
(Sus formas, derivados y compuestos).

XXXI. Escribe el presente de indicativo y el presente de subjuntivo de los siguientes verbos.

Ej.   recibir

Presente indicativo	Presente subjuntivo
recibo	reciba
recibes	recibas
recibe	reciba
recibimos	recibamos
recibís	recibáis
reciben	reciban

inscribir   servir

_____   _____   _____   _____

_____   _____   _____   _____

_____   _____   _____   _____

_____   _____   _____   _____

_____   _____   _____   _____

prohibir   hervir

_____   _____   _____   _____

_____   _____   _____   _____

_____   _____   _____   _____

_____   _____   _____   _____

_____   _____   _____   _____

sucumbir   vivir

_____   _____   _____   _____

_____   _____   _____   _____

_____   _____   _____   _____

_____   _____   _____   _____

_____   _____   _____   _____

XXXII. Escribe el gerundio de los siguientes verbos.

Ej. escribir — escribiendo

percibir   _____   subir   _____

convivir   _____   hervir   _____

cohibir   _____   prohibir   _____

servir   _____   suscribir _____

XXXIII. Lee con atención.

beber
caber   atrever
deber   precaver
haber   prever
saber

La mayoría de los verbos terminados en **aber** y **eber** se escriben con **b**.
Pero hay excepciones.

XXXIV. Conjuga los siguientes verbos en el futuro y pospretérito de indicativo y en el pretérito de subjuntivo.

Ej.: beber   beberé   bebería   bebiera

                beberás   beberías   bebieras

                beberá   bebería   bebiera

                beberemos   beberíamos   bebiéramos

                beberéis   beberíais   bebiérais

                beberán   beberían   bebieran.

1. haber

2. atrever

3. deber

4. prever

_____ _____ _____

_____ _____ _____

_____ _____ _____

_____ _____ _____

XXXV. Completa con B o V de acuerdo con las reglas que has aprendido.

(49) EL MÁS CORTO CUENTO CRUEL

      Desfile patriótico. Cuando pasa la _andera, un espectador permanece sin descu_rirse. La muchedum_re rezonga, luego grita: "¡El som_rero!" y se lanza contra el recalcitrante, que persiste en menospreciar el em_lema nacional. Algunos patriotas le darán su merecido.

      Se trata_a de un gran mutilado de guerra que tenía amputados los dos _razos.

VILLIERS DE L'ISLE-ADAM
en *El libro de la imaginación*

En todos los casos completaste con la letra _____.

Para las palabras _____ , _____ , _____ , _____ y _____

empleaste la regla que dice que antes de ____ o ____ se escribe siempre **b**.

Para la penúltima palabra (_____) empleaste la regla que dice: se usa *b* en todas las formas del _____ de los verbos terminados en _____.

¿Qué regla empleaste para la *b* de la palabra *bandera*? _____.

Esto quiere decir que hay palabras en las que se usa **b** o **v** y que no siguen una regla. En estos casos tenemos que consultar el _____.

(Comprobación 49. p. 280)

      Ahora, para terminar esta lección, vamos a hacer un ejercicio de acentuación y puntuación.

Recuerda: los acentos sí obedecen a reglas precisas y **nunca** (ni con las letras mayúsculas) deben suprimirse. Los signos de puntuación, en cambio, en ocasiones son de uso vacilante. La persona que escribe, de acuerdo con su propio estilo, puede usar punto y seguido o punto y coma; comas, guiones o paréntesis para intercalar una oración; puede usar una coma o suprimirla. . . En fin, vamos a tratar —a través de la práctica y la observación— de emplear adecuadamente los signos de puntuación y de entender el porqué de su uso.

Al final de cada lección, a partir de ahora, vas a encontrar un texto para practicar estos aspectos, así como su correspondiente comprobación.

XXXVI. Agrega los acentos y signos de puntuación que se han omitido en el texto siguiente.

Tienes que poner: *29* acentos *2* punto y seguido *14* punto y aparte *1* punto final *1* punto y coma *1* dos puntos *11* guiones *5* comas *1* comillas *2* signos de interrogación *3* puntos suspensivos

(50) GOLPECITOS CON LOS DEDOS

Acostumbraba dar golpecitos que los que estaban a su alrededor no sabian de donde venian

Su mujer se inquietaba muchas veces

Has oido un ruido extraño

El sonreia y acababa por confesar que era el

Se podria decir que era su verdadera especialidad lo que le caracterizaba en la vida

Pero esa especialidad le fue a perder en una ocasion

Fue durante la guerra El contraespionaje habia llegado a la maxima sutilidad auditiva

Era tan inteligente el servicio secreto que habia el terror de que se pasase de inteligente

El de los golpecitos nerviosos con los dedos fue llamado a la oficina policial

Una especie de consejo de guerra le aguardaba hostil

Usted transmite por medio de Morse despachos convenidos con el enemigo

Yo pregunto asombrado el hombre pacifico

Si usted insistio el presidente nuestros contraespias le han oido desde la pared medianera de su casa y han podido anotar el siguiente despacho lanzado con el golpe de sus señales Barco cargado pirita saldra mañana

No es posible Eso ha sido amañado por sus sabuesos Es verdad que tengo la costumbre de dar golpecitos con los dedos sobre el brazo de la silla o sobre la tabla de la mesa pero no puedo creer que hayan tenido congruencia mis golpes hasta formar ese texto Allanen mi casa para ver si yo tengo aparato de transmision ni nada que se le parezca

Pero como todos los **in fraganti** niegan asi fue sometido a varias pruebas en los laboratorios y solo despues de largas y penosas dilucidaciones quedo libre el hombre al que la casualidad y los golpecitos de sobremesa habian comprometido

Me alegro decia despues su mujer Asi perderas esa maldita costumbre que puebla de duendes nuestras veladas

RAMON GOMEZ DE LA SERNA
en *Lectura en voz alta*

(Comprobación 50. p. 280)

I. Lee.

(51) ESCILA

Antes de ser un monstruo y un remolino, Escila era una ninfa, de quien se enamoró el dios Glauco. Éste buscó el socorro de Circe, cuyo conocimiento de hierbas y de magias era famoso. Circe se prendó de él, pero como Glauco no *olvidaba* a Escila, **envenenó** las aguas de la fuente en que aquélla solía bañarse. Al primer contacto del agua, la parte inferior del cuerpo de Escila se **convirtió** en perros que ladraban. Doce pies la sostenían y se halló *provista* de seis cabezas, cada una con tres filas de dientes. Esta metamorfosis la aterró y se arrojó al estrecho que separa Italia de Sicilia. Los dioses la **convirtieron** en roca.

Esta fábula está en las páginas de Homero, de Ovidio y de Pausanias.

JORGE LUIS BORGES
Manual de zoología fantástica

Escribe a continuación las palabras en negritas.

_____   _____   _____

La letra inmediatamente anterior a la **v** es una_____

(Comprobación 51. p. 281)

II. Lee las siguientes palabras.

obvio   subvención   adverbio   advertir

Observa la letra anterior a la *v* en las palabras que acabas de leer para poder formular la regla:

Después de las letras _____ , _____ y _____ se usa **v**.

(Comprobación 52. p. 281)

III. Completa con NV, BV o DV.

1. a___enedizo   4. su___encionar   7. co___ersación
2. su___ersivo   5. i___ersión   8. a___ersidad
3. co___eniencia   6. a___ersario   9. o___iar

Vuelve a escribir las palabras que acabas de formar. Localiza ahora en tu lectura la palabra subrayada con una sola línea: _____

¿Qué tiene en común con las siguientes palabras?

resolver   polvo   tolvanera   olvidadizo

_____

Podemos entonces decir que:

Después del grupo _____ se usa siempre **v.**

(Comprobación 53. p. 281)

IV. Busca dos palabras de la misma familia.

E j . solventar   <u>solvencia</u>   <u>solvente</u>

1. olvido _____ _____
2. polvo _____ _____
3. volver _____ _____
4. resolver _____ _____
5. devolver _____ _____
6. absolver _____ _____

V. Localiza en tu lectura (51) la palabra subrayada con dos líneas. Escríbela.

_____ . ¿Cuál es la sílaba anterior a la **v**? _____

Observa las siguientes palabras.

prevalecer   privado   proveer
prevenido   privilegio   provincia

Subraya la sílaba anterior a la **v** en cada palabra. Podemos formular la siguiente regla:

Después de las sílabas _____ , _____ , _____ usamos **v.**
ATENCIÓN: Hay excepciones.
Las de uso más frecuente son: **prebenda, probar, probeta, probo** y **probable,** así como sus derivados y compuestos.

(Comprobación 54. p. 281)

VI. Completa con PRE, PRI, PRO, según convenga.

1. ____vativo   4. ____var   7. ____vención

2. ____valecer   5. ____verbio   8. ____vilegiado

3. ____veedor   6. ____visible   9. ____vocar

Vuelve a escribir las palabras que acabas de formar.

VII. Busca dos palabras de la misma familia.

1. probar   _____   _____

2. probabilidad _____   _____

VIII. Lee con atención.

diva	leva	salva	clavado
divergencia	levadura	salvaje	clavel
divorcio	levantino	salvia	clavar
divulgar	levita	salvoconducto	clavija

Anota las sílabas que preceden a la **v** en los cuatro grupos de palabras que acabas de leer.

_____   _____   _____   _____

En las palabras que empiezan con las sílabas **di, le, sal** y **cla** usamos siempre **v** a continuación.

Hay excepciones, pero la mayoría son palabras de uso muy poco frecuente. Sólo hay que recordar **dibujar** y sus derivados.

Busca tres derivados de DIBUJAR.

_____   _____   _____

(Comprobación 55. p. 281)

IX. Completa con DI, LE, SAL o CLA, según convenga.

1. ____vagación   5. ____vaguardia   9. ____vadoreño

2. ____vamento   6. ____vícula   10. ____vadista

3. ____vantar   7. ____versión   11. ____vadizo

4. ____vidir   8. ____vante   12. ____vicordio

Vuelve a escribir las palabras que acabas de formar.

X. Lee.

evadir	**eve**nto	**evi**tar	**evo**car
evaporar	**eve**ntual	**evi**dencia	**evo**lución

> También las palabras que empiezan con **eva, eve, evi, evo,** se escriben con *v.*
> Las excepciones son palabras de uso poco frecuente.
> Pero hay que recordar **ébano** y **ebanista.**

XI. Completa con EVA, EVE, EVI, EVO, según corresponda.

1. ____ntos   5. ____risto   9. ____dentemente

2. ____tado   6. ____denciar   10. ____ngelina

3. ____luación   7. ____lucionar   11. ____ntualmente

4. ____cación   8. ____ntualidad   12. ____cable

Vuelve a escribir las palabras que acabas de formar.

XII. Busca dos palabras de la misma familia.

1. elevar _____   _____

2. joven _____   _____

3. llave _____   _____

4. llevar _____   _____

5. llover _____   _____

6. calva _____   _____

7. curva _____   _____

> Generalmente se usa **v** después de las sílabas **ele, jo, lla, lle, llo, cur** y **cal,** cuando éstas son principio de palabra.
> *ATENCIÓN:* **Job** y **jobo**
> Las otras excepciones son palabras de uso poco frecuente.

XIII. Lee.

vicerrector   Villahermosa
vicetible   villancico
vicecónsul   Villalba

> **Vice** y **villa** a principio de palabra se escriben con **v.**
> Vice (antepuesto a nombres de cargos y dignidades significa suplente o sustituto).
> Villa (aparece con frecuencia al principio de nombre de lugares o de apellidos).
> Excepción: **billar** y sus derivados.

XIV. Escribe el nombre del suplente de un

1. presidente _____   3. tesorero   _____

2. almirante   _____   4. provincial _____

XV. Completa con VILLA o VICE, según convenga.

1. _____diego   4. _____versa
2. _____nte   5. _____nueva
3. _____no   6. _____lpando

Vuelve a escribir las palabras que acabas de formar.

XVI. Lee con atención.

                herbívoro   carnívoro

> La terminación **voro** (vora), que significa "que se alimenta de", se escribe con **v**.

ATENCIÓN: *víbora*   *Débora*

OBSERVA:

        El*vira*

> La terminación **vira** se escribe con **v**.

XVII. Completa con VORO, VORA, VIRA.

1. insectí _____   3. omní _____

2. re   _____   4. El   _____

Vuelve a escribir las palabras que acabas de formar.

XVIII. Cambia al femenino.

                Ej. festivo   *festiva*

1. llamativo _____   fugitivo _____

   ¿Cuáles son las terminaciones de estos adjetivos?

   _____   _____

2. octavo _____   bravo _____

   Terminan en _____   _____

3. nuevo _____ longevo _____

Terminan en _____   _____

(Comprobación 56. p. 281)

Los **adjetivos** terminados en **avo, evo, ivo,** y sus formas femeninas
ava, eva, iva, se escriben con **v.**

XIX. Escribe el femenino y el plural de las siguientes palabras.

1. provocativo _____   _____

2. nuevo _____   _____

3. octavo _____   _____

4. vengativo _____   _____

5. longevo _____   _____

6. agresivo _____   _____

7. bravo _____   _____

8. cautivo _____   _____

OBSERVA:

grave   aleve

También los adjetivos terminados en _____ y _____ se
escriben con **v.**

(Comprobación 57. p. 281)

XX. Escribe el plural y el superlativo.

Ej.   grave   *graves*   *gravísimo*

1. suave _____   _____

2. breve _____   _____

3. vivo _____   _____

4. aprensivo _____   _____

5. leve _____   _____

RECUERDA: Los derivados y compuestos conservan su ortografía original.

XXI. Escribe cuatro palabras (compuestos o derivados) de la palabra
ÁRABE.

_____   _____

_____   _____

Ya habrás advertido que **árabe** es una excepción a la regla que acabas
de aprender.

Observa que los **sustantivos** con las terminaciones **ivo, avo, ava,
evo, ave, eve,** pueden escribirse con *v* o con *b*.

centa**vo**	na**bo**
hue**vo**	reci**bo**
a**ve**	síla**ba**

_____ VERBOS CON **V**

XXII. Lee.

a) **Tuvimos** que salir a media noche.
b) **Anduvieron** más de ocho kilómetros.
c) No sabía que Pedro **estuviera** enfermo.

Escribe los infinitivos que corresponden a las formas en negritas.

_____   _____   _____

Ya habrás advertido en las oraciones que leíste que los verbos están en
pretérito de indicativo (*a* y *b*) y en pretérito de subjuntivo (*c*).

Podemos entonces decir que:

> Todas las formas del pretérito de indicativo y de subjuntivo de los ver-
> bos **tener, andar** y **estar** se escriben con **v**.

XXIII. Completa las conjugaciones siguientes.

	tener		**andar**	
	PRET. IND.	PRET. SUBJ.	PRET. IND.	PRET. SUBJ.
yo	tuve _____	tuviera _____	anduve _____	anduviera _____
tú	_____	_____	_____	_____
ud. él ella	_____	_____	_____	_____
nosotros	_____	_____	_____	_____

vosotros _____ _____ _____ _____

ellos _____ _____ _____ _____

PRET. IND.   PRET. SUBJ.

estar

yo	estuve	estuviera
tú	_____	_____
ud.		
él	_____	_____
ella		
nosotros	_____	_____
vosotros	_____	_____
ellos	_____	_____

Recuerda: El pretérito de subjuntivo tiene dos formas:

tuviera o **tuviese**

(Las dos se escriben con **v**).

XXIV. Escribe la segunda forma del pretérito de subjuntivo.

tener	andar	estar
tuviese		
_____	_____	_____
_____	_____	_____
_____	_____	_____
_____	_____	_____

XXV. Lee con atención.

detuve   contuvo   retuvieron

(   )   (   )   (   )

abstuvo   obtuviera   sostuvimos

(   )   (   )   (   )

Escribe en el paréntesis los infinitivos correspondientes. Todos estos verbos son formas compuestas del verbo

_____ .

> Los compuestos del verbo **tener** también se escriben con _____ en el pretérito de indicativo y de subjuntivo.

(Comprobación 58. p. 281)

XXVI. Completa con el tiempo que corresponda.

1. Ellos _____ a sus padres durante más de veinte
   (sostener)
   años.

2. No creí que te _____ de votar.
   (abstener)

3. La policía _____ a Jorge más de veinticuatro horas.
   (retener)

4. Nos ordenaron que nos _____, pero no hicimos caso.
   (detener)

XXVII. Lee con atención.

Voy a salir.
Vamos a la casa.
Quiero que **vayas** a la reunión.
Nos piden que **vayamos** hoy.
Ve al cine.

Todas las formas en negritas corresponden al verbo _____

(Comprobación 59. p. 281)

> El presente de indicativo y de subjuntivo del verbo **ir** se escribe con **v**. También la forma **ve** del imperativo.

XXVIII. Conjuga el verbo IR en los tiempos siguientes.

PRES. IND.	COPRET. IND.	PRES. SUBJ.

(Comprobación 60. p. 281)

OBSERVA:

nevando

conservábamos

(   )

(   )

llueva

volvían

(   )

(   )

Escribe en el paréntesis los infinitivos.

La mayoría de los verbos terminados en **evar, ervar, over** y **olver** se escriben con **v.**

XXIX. Conjuga los siguientes verbos en los tiempos que se indica.

preservar

PRET. IND.	FUT. IND.	PRES. SUBJ.	PRET. SUBJ.

llevar

resolver

mover

_____	_____	_____	_____
_____	_____	_____	_____
_____	_____	_____	_____
_____	_____	_____	_____
_____	_____	_____	_____
_____	_____	_____	_____

EJERCICIOS DE COMPROBACIÓN (B-V)

XXX. Completa con B o V.

(52) HISTORIA __ERÍDICA

A un señor se le caen al suelo los anteojos, que hacen un ruido terri__le al chocar con las __aldosas.

El señor se agacha afligidísimo porque los cristales de anteojos cuestan muy caro, pero descu__re con asom__ro que por milagro no se le han roto.

Ahora este señor se siente profundamente agradecido y comprende que lo ocurrido __ale por una ad__ertencia amistosa, de modo que se encamina a una casa de óptica y adquiere en seguida un estuche de cuero almohadillado do__le protección, a fin de curarse en salud. Una hora más tarde se le cae el estuche, y al agacharse sin mayor inquietud descu__re que los anteojos se han hecho pol__o. A este señor le lle__a un rato comprender que los designios de la Pro__idencia son inescruta__les, y que en realidad el milagro ha ocurrido ahora.

JULIO CORTÁZAR
Historias de Cronopios y de Famas

(Comprobación 61. p. 282)

(53) LA CÁMARA MÁGICA

Una __ez, en una aldea de la parte __aja del río Yukón, se dispuso un explorador a tomar con su cámara fotográfica una __ista de la gente que transita__a por entre las casas. Mientras enfoca__a la máquina, el jefe de la aldea llegó e insistió en fisgar __ajo el paño negro. Ha__iéndosele permitido que lo hiciera, estu__o contemplando atentamente por un minuto las figuras que se mo__ían en el __idrio esmerilado y después, de sú__ito, sacó la ca__eza y gritó a la gente con toda su fuerza: "Tiene todas __uestras som__ras metidas en la caja."

JAMES GEORGE FRAZER
La rama dorada
en *El libro de la imaginación*

(Comprobación 62. p. 282)

HOMÓFONOS B — V

XXXI. Lee en voz alta.

Elsa tiene un solo hijo, un varón.
Elsa tiene un solo hijo, un barón.

Ya habrás observado que las dos oraciones que acabas de leer suenan exactamente igual. Sin embargo, hay dos palabras _____ y _____ que tienen una diferencia ortográfica.

Busca en tu diccionario el significado de:

varón: _____

_____

barón: _____

_____

(Comprobación 63. p. 282)

A las palabras que se pronuncian igual pero que tienen diferente ortografía y significado se les llama **homófonas.**

XXXII. Busca en el diccionario el significado de las siguientes voces homófonas. **(CUANDO SE TRATE DE UNA FORMA VERBAL CONJUGADA LA ENCONTRARÁS INDICADA ASÍ: (vb), Y SIMPLEMENTE TENDRÁS QUE ANOTAR EL INFINITIVO CORRESPONDIENTE).**

1. acerbo _____

_____

acervo _____

_____

2. bacilo _____

vacilo (vb) _____

_____

3. bah _____

_____

va (vb) _____

_____

4. bario _____

_____

vario _____

_____

5. basar_____

_____

bazar_____

_____

6. baso (vb) _____

_____

bazo _____

_____

vaso _____

_____

7. basto (vb)_____

_____

vasto_____

_____

8. bate (vb)_____

_____

vate _____

_____

9. baya _____

_____

valla _____

_____

vaya (vb) _____

_____

10. bello _____

_____

vello _____

_____

11. beta _____

     _____

     veta _____

     _____

12. bidente _____

     _____

     vidente _____

     _____

13. bienes _____

     _____

     vienes (vb) _____

     _____

14. botar _____

     _____

     votar _____

     _____

15. cabo _____

     _____

     cavo (vb) _____

     _____

16. combino (vb) _____

     _____

     convino (vb) _____

     _____

17. grabar _____

     _____

     gravar _____

     _____

18. hierba _____

     _____

     hierva (vb) _____

     _____

19. rebelar _____

_____

revelar _____

_____

20. ribera _____

_____

Rivera _____

_____

21. sabia _____

_____

savia _____

_____

22. silba (vb) _____

_____

silva _____

_____

Silva _____

_____

23. tubo _____

_____

tuvo (vb) _____

_____

XXXIII. Agrega los acentos y signos de puntuación que se han omitido en el texto siguiente.

Tienes que poner: *50* acentos *14* punto y seguido *3* punto y
aparte *1* punto final *3* dos puntos *12* comas *8* guiones *3* signos
de interrogación

(54) EL CIERVO ESCONDIDO

Un leñador de Cheng se encontró en el campo con un ciervo asustado y lo mato Para evitar que otros lo descubrieran lo enterro en el bosque y lo tapo con hojas y ramas Poco despues olvido el sitio donde lo
habia ocultado y creyo que todo habia ocurrido en un sueño Lo conto

como si fuera un sueño a toda la gente Entre los oyentes hubo uno que fue a buscar el ciervo escondido y lo encontro Lo llevo a su casa y dijo a su mujer

Un leñador soño que habia matado un ciervo y olvido donde lo habia escondido y ahora yo lo he encontrado Ese hombre si que es un soñador

Tu habras soñado que viste un leñador que habia matado un ciervo Realmente crees que hubo un leñador Pero como aqui esta el ciervo tu sueño debe ser verdadero dijo la mujer

Aun suponiendo que encontre el ciervo por un sueño contesto el marido a que preocuparse averiguando cual de los dos soño

Aquella noche el leñador volvio a su casa pensando todavia en el ciervo y realmente soño y en el sueño soño el lugar donde habia ocultado el ciervo y tambien soño quien lo habia encontrado Al alba fue a casa del otro y encontro el ciervo Ambos discutieron y fueron ante un juez para que resolviera el asunto El juez le dijo al leñador

Realmente mataste un ciervo y creiste que era un sueño Después soñaste realmente y creiste que era verdad El otro encontro el ciervo y ahora te lo disputa pero su mujer piensa que soño que habia encontrado un ciervo que otro habia matado Luego nadie mato al ciervo Pero como aqui esta el ciervo lo mejor es que se lo repartan El caso llego a oidos del rey de Cheng y el rey de Cheng dijo

Y ese juez no estara soñando que reparte un ciervo

JORGE LUIS BORGES Y ADOLFO BIOY CASARES
Cuentos breves y extraordinarios

(Comprobación 64. p. 282)

USOS DE LA C

I. **Lee cuidadosamente.**

(55) LA MOSCA QUE SOÑABA QUE ERA UN ÁGUILA

Había una vez una Mosca que todas las noches soñaba que era un Águila y que se encontraba volando por los Alpes y por los Andes.

En los primeros momentos esto la volvía loca de felicidad; pero pasado un tiempo le causaba una <u>sensación</u> de angustia, pues hallaba las alas demasiado grandes, el cuerpo demasiado pesado, el pico demasiado duro y las garras demasiado fuertes; bueno, que todo ese gran aparato le impedía posarse a gusto sobre los ricos pasteles o sobre las **inmundicias** humanas, así como sufrir a **conciencia** dándose topes contra los vidrios de su cuarto.

En realidad no quería andar en las grandes alturas, o en los **espacios** libres, ni mucho menos.

Pero cuando volvía en sí lamentaba con toda el alma no ser un Águila para remontar montañas, y se sentía tristísima de ser una Mosca, y por eso volaba tanto, y estaba tan inquieta, y daba tantas vueltas, hasta que lentamente, por la noche, volvía a poner las sienes en la almohada.

AUGUSTO MONTERROSO
La oveja negra y demás fábulas

Escribe a continuación las palabras en negritas.

_____   _____   _____

(Comprobación 65. p. 283)

Observa con atención:

decencia   especie   despacio

A partir de las seis palabras anteriores, puedes formular la regla que dice:

Las palabras que terminan en **cia, cie** y **cio** se escriben con **c**.
Excepto algunos nombres propios:
Anastasia, Rusia, Asia, Dionisio, Ambrosio, etc.
O palabras de origen griego como:
autopsia, magnesia, anestesia, iglesia, idiosincrasia, gimnasia,
etc.

Escribe dos veces cada una de las excepciones.

II. Cambia al plural.

1. esencia _____   6. negocio _____

2. recio _____   7. delicia _____

3. superficie _____   8. planicie

4. peripecia _____   9. caricia _____

5. beneficio _____   10. ejercicio _____

III. Escribe el infinitivo que corresponda a los siguientes sustantivos.

1. anuncio _____   5. distancia _____

2. codicia _____   6. deshaucio _____

3. vicio _____   7. presencia _____

4. justicia _____   8. desprecio _____

En el texto **(55)** hay también una palabra subrayada.

Escríbela _____

OBSERVA:

discre**to**-discre**ción**   preocupa**do**-preocupa**ción**
maldi**to**-maldi**ción**   varia**do**-varia**ción**

Se escriben con **c** los sustantivos que terminan en **ción** y que se derivan de palabras terminadas en **to** y **do**.
ATENCIÓN: Compren**sión** de comprender, aprehen**sión** de aprehender.

IV. Escribe el sustantivo que corresponda.

Ej.   resuelto - resolución

1. ocupado _____   3. erudito _____

2. absuelto _____   4. fundido _____

5. transformado _____   8. distinto _____

6. discreto _____   9. rendido _____

7. nutrido _____   10. bendito _____

OBSERVA:

directo   dire**cción**
corre**cto**   corre**cción**

La **t** de **directo** y **correcto** se convierte en **c**. Por esta razón en estas palabras usamos **doble c.**

V. Escribe un sustantivo de la misma familia.

1. conducto _____   6. corrector _____

2. director _____   7. electo _____

3. reducto _____   8. destructor _____

4. traductor _____   9. abstracto _____

5. selecto _____   10. inspector _____

VI. Lee con atención.

coche	pobre	*PERO:*	casa	bolsa
coche**cito**	pobre**cita**		casita	bolsita
coche**cillo**	pobre**cilla**			

Las terminaciones de los diminutivos **cito, cico, cillo** y sus femeninos se escriben con **c.**
Excepto cuando hay una **s** en la última sílaba de la palabra de la que se derivan (ca**sa**, bol**sa**).

VII. Forma dos diminutivos. Usa C o S según convenga.

Ej. botón   <u>botoncito</u>   <u>botoncillo</u>

1. sobre _____   _____

2. ave _____   _____

3. ratón _____   _____

4. cosa _____   _____

5. broche _____   _____

6. amor _____   _____

7. camión   _____   _____

8. mariposa _____   _____

ATENCIÓN:

nuez - nueces   cruz - cruces

VIII. Forma el plural de las siguientes palabras. Cambia la Z final por C.

1. atroz   _____   5. fugaz   _____

2. pez   _____   6. cicatriz _____

3. feroz   _____   7. matiz   _____

4. capataz _____   8. mordaz   _____

Ya habrás observado que:

> Las palabras terminadas en **z** cambian ésta por una **c** en el plural.

IX. Lee con atención.

abund**ancia**   cans**ancio**   paci**encia**   sil**encio**
vag**ancia**   **rancio**   conci**encia**   Fid**encio**

De las terminaciones en negritas puedes formular la siguiente regla:

> Las palabras que terminan en _____ , _____ , _____ , _____ ,
> se escriben con *c.*
> Excepto: **ansia, Hortensia, hortensia.**

X. Completa con ANCIA, ANCIO, ENCIA, ENCIO.

1. dec   _____   5. Flor   _____

2. prest   _____   6. persever _____

3. Ter   _____   7. transpar _____

4. aus   _____   8. Fulg   _____

XI. Escribe un adjetivo de la misma familia de los sustantivos que acabas de formar. (EXCEPTO DE LOS NOMBRES PROPIOS).

Ej. decencia decente

1. _____   2. _____

3. _____   4. _____

Todos los adjetivos que escribiste terminan con la sílaba **te**.

XII. Escribe un sustantivo relacionado con los siguientes adjetivos.

Ej.   exuberante   exuberancia

1. aparente   _____   5. extravagante _____

2. coherente   _____   6. distante   _____

3. congruente _____   7. abundante   _____

4. negligente _____   8. constante   _____

OBSERVA:

anuncio   denuncia

También las palabras terminadas en **uncio, uncia** se escriben con **c**.

XIII. Escribe un sustantivo de la misma familia.

1. De renunciar - la _____

2. De anunciar - el _____

3. De denunciar - la _____

OBSERVA:

fratricida   homicida

Las palabras terminadas en **cida** —**cuando significa "matar"**— se **escriben con c.**
Fíjate que *cosida, asida,* etc. no caben en esta regla.

XIV. Completa. Usa palabras con la terminación CIDA.

1. El que mata a su padre se llama   _____

2. El que asesina a un niño se llama   _____

3. El que mata a su mujer es un   _____

4. El que se mata a sí mismo se llama _____

5. Un producto para matar ratas es un _____

Hay algunas palabras en las que aparece el grupo **sc**.

XV. Vamos a practicarlas escribiendo cuatro veces cada una.

adolescente	ascender	asceta	consciente
_____	_____	_____	_____
_____	_____	_____	_____
_____	_____	_____	_____
_____	_____	_____	_____

descender	discernir	disciplina	discípulo
_____	_____	_____	_____
_____	_____	_____	_____
_____	_____	_____	_____
_____	_____	_____	_____

escena	escéptico	escisión	fascinar
_____	_____	_____	_____
_____	_____	_____	_____
_____	_____	_____	_____
_____	_____	_____	_____

fosforescente	irascible	oscilar	piscina
_____	_____	_____	_____
_____	_____	_____	_____
_____	_____	_____	_____
_____	_____	_____	_____

plebiscito	prescindir	susceptible	víscera
_____	_____	_____	_____
_____	_____	_____	_____
_____	_____	_____	_____
_____	_____	_____	_____

XVI. Ahora trata de encontrar una palabra de la misma familia de las que acabas de practicar. (GRUPO SC)

Ej.   fluorescente   fluorescencia

1. _____   _____   2. _____   _____

3. _____ _____ 12. _____ _____
4. _____ _____ 13. _____ _____
5. _____ _____ 14. _____ _____
6. _____ _____ 15. _____ _____
7. _____ _____ 16. _____ _____
8. _____ _____ 17. _____ _____
9. _____ _____ 18. _____ _____
10. _____ _____ 19. _____ _____
11. _____ _____ 20. _____ _____

XVII. Escribe a continuación seis palabras que comiencen con CIRCU.

1. _____ 4. _____
2. _____ 5. _____
3. _____ 6. _____

> Todas las palabras que empiezan con **circu,** se escriben con **c.**

_____ VERBOS CON **C**

XVIII. Lee.

No **conocíamos** a nadie allí.
Oscureció más temprano que de costumbre.

Esa medicina **produce** efectos colaterales.
¿**Traduces** del alemán al español?

Escribe los infinitivos de los verbos en negritas.

_____ _____ _____ _____

De lo anterior podemos afirmar que:

> Los verbos que terminan en _____ y _____ se escriben con **c.**
> Hay excepciones importantes: **ser, coser, toser, asir** y sus derivados y compuestos.

(Comprobación 66. p. 283)

XIX. Conjuga los siguientes verbos en el copretérito, el pospretérito y el futuro de indicativo.

Ej.   aparecer

Copretérito	Pospretérito	Futuro
aparecía	aparecería	apareceré
aparecías	aparecerías	aparecerás
aparecía	aparecería	aparecerá
aparecíamos	apareceríamos	apareceremos
aparecíais	apareceríais	apareceréis
aparecían	aparecerían	aparecerán

1. **obedecer**

_____   _____   _____

_____   _____   _____

_____   _____   _____

_____   _____   _____

_____   _____   _____

_____   _____   _____

2. **conducir**

_____   _____   _____

_____   _____   _____

_____   _____   _____

_____   _____   _____

_____   _____   _____

3. **convencer**

_____   _____   _____

_____   _____   _____

_____   _____   _____

_____   _____   _____

_____   _____   _____

4. lucir

_____   _____   _____

_____   _____   _____

_____   _____   _____

_____   _____   _____

_____   _____   _____

_____   _____   _____

5. parecer

_____   _____   _____

_____   _____   _____

_____   _____   _____

_____   _____   _____

_____   _____   _____

_____   _____   _____

6. traducir

_____   _____   _____

_____   _____   _____

_____   _____   _____

_____   _____   _____

_____   _____   _____

_____   _____   _____

ATENCIÓN:

Ya en la lección 8 de este manual hablamos de la causa de los problemas ortográficos del español.

Ahora vamos a recordar que la letra **c** suena como [s] antes de **e,i.**

Así: **c**ena   alma**cé**n
     cine   **c**o**c**ina

Pero, antes de **a, o, u,** suena como [k]:

       casa   **c**osa   **c**una

Con los verbos que acabamos de aprender (terminados en **cer** o **cir**) se tienen que producir ciertos cambios ortográficos al conjugarlos, a fin de conservar el sonido original del infinitivo. Esto ocurrirá, claro está, antes de las vocales **a, o, u.**

OBSERVA:

conocer   **reducir**

PRES. IND.	PRES. SUBJ.	PRES. IND.	PRES. SUBJ.
conozco	conozca	reduzco	reduzca
conoces	conozcas	reduces	reduzcas
conoce	conozca	reduce	reduzca
conocemos	conozcamos	reducimos	reduzcamos
conocéis	conozcáis	reducís	reduzcáis
conocen	conozcan	reducen	reduzcan

Los verbos terminados en **cer** y **cir** agregan una **z** antes de la **c**, en la 1a. persona del presente de indicativo y en todas las del presente de subjuntivo.

XX. **Conjuga los siguientes verbos en el presente de indicativo y de subjuntivo.**

1. **reconocer**   2. **conducir**

PRES. IND.	PRES. SUBJ.	PRES. IND.	PRES. SUBJ.
___	___	___	___
___	___	___	___
___	___	___	___
___	___	___	___
___	___	___	___
___	___	___	___

3. **amanecer**   4. **producir**

___	___	___	___
___	___	___	___
___	___	___	___
___	___	___	___
___	___	___	___
___	___	___	___

5. merecer   **6. inducir**

_____   _____   _____   _____

_____   _____   _____   _____

_____   _____   _____   _____

_____   _____   _____   _____

_____   _____   _____   _____

_____   _____   _____   _____

ATENCIÓN:

Los verbos terminados en **ucir** son irregulares en el pretérito de indicativo y en el de subjuntivo.

reducir

PRET. IND.: **reduje**   PRET. SUBJ.: **redujera (redujese)**

XXI. En tu cuaderno conjuga los siguientes verbos en el pretérito de indicativo y en el de subjuntivo.

1. producir   4. inducir
2. traducir   5. conducir
3. deducir   6. aducir

A continuación vas a trabajar, también en tu cuaderno, los verbos que son excepciones de la regla que acabas de aprender:

ser   toser   asir   coser

Estos verbos y sus derivados y compuestos se escriben con **s**. Conjúgalos en tu cuaderno junto con los derivados que puedas encontrar, como: recoser, desasir. . .

OBSERVA:

coser   cocer

XXII. Busca en el diccionario el significado de estos verbos.

coser _____

_____

cocer _____

_____

Es frecuente confundirlos, tanto en la lengua oral como en la escrita. Vamos, entonces, a practicarlos para poder escribirlos con la ortografía correcta.

COSER es un verbo **completamente regular**.

INDICATIVO

Presente	Pretérito	Copretérito	Pospretérito	Futuro
_____	_____	_____	_____	_____
_____	_____	_____	_____	_____
_____	_____	_____	_____	_____
_____	_____	_____	_____	_____
_____	_____	_____	_____	_____
_____	_____	_____	_____	_____

SUBJUNTIVO

Presente	Pretérito			Gerundio	Participio
_____	_____	o (	)	_____	_____
_____	_____	(	)		
_____	_____	(	)		
_____	_____	(	)		
_____	_____	(	)		
_____	_____	(	)		

COCER, por el contrario, es un **verbo irregular** en el presente de indicativo y en el de subjuntivo.

Presente indicativo		*Presente subjuntivo*	
cuezo	_____	cueza	_____
cueces	_____	cuezás	_____
cuece	_____	cueza	_____
cocemos	_____	cozamos	_____
cocéis	_____	cozáis	_____
cuecen	_____	cuezan	_____

Estudia con atención los dos verbos que acabas de conjugar.

XXIII. Lee.

pronuncié	renunciaron	anuncian
( )	( )	( )

Escribe en el paréntesis el infinitivo correspondiente.
Ahora formula la regla:

Se escriben con **c** los verbos terminados en _____.
Excepciones: **ansiar, extasiar, lisiar** y sus derivados.

(Comprobación 67. p. 283)

XXIV. Conjuga los siguientes verbos en los mismos tiempos y personas del ejemplo.

Ej.   **denunciar**

INDICATIVO

Presente	Pretérito	Copretérito	Pospretérito	Futuro
denuncio	denuncié	denunciaba	denunciaría	denunciaré
denuncias	denunciaste	denunciabas	denunciarías	denunciarás
denuncia	denunció	denunciaba	denunciaría	denunciará
denunciamos	denunciamos	denunciábamos	denunciaríamos	denunciaremos
denunciáis	denunciasteis	denunciabais	denunciaríais	denunciaréis
denuncian	denunciaron	denunciaban	denunciarían	denunciarán

SUBJUNTIVO

Presente	Pretérito		Gerundio	Participio
denuncie	denunciara	(denunciase)	denunciando	denunciado
denuncies	denunciaras	(denunciases)		
denuncie	denunciara	(denunciase)		
denunciemos	denunciáramos	(denunciásemos)		
denunciéis	denunciarais	(denunciaseis)		
denuncien	denunciaran	(denunciasen)		

1. sentenciar   3. pronunciar
2. renunciar   4. enunciar

Conjuga también los verbos irregulares:

ansiar, lisiar, extasiar.

——————————————————HOMÓFONOS C—S

XXV. Busca en el diccionario el significado de las siguientes voces homófonas. (CUANDO SE TRATE DE UNA FORMA VERBAL (vb), ANOTA SÓLO EL INFINITIVO).

1. acechar _____

_____

asechar _____

_____

2. bracero _____

   _____

   brasero _____

   _____

3. cauce _____

   _____

   cause (vb) _____

   _____

4. cebo _____

   _____

   sebo _____

   _____

5. ceda (vb) _____

   _____

   seda _____

   _____

6. cegar _____

   _____

   segar _____

   _____

7. cerrar _____

   _____

   serrar _____

   _____

8. cesión _____

   _____

   sesión _____

   _____

9. ceso (vb) _____

   _____

   seso _____

   _____

10. cien _____

_____

sien _____

_____

11. ciento _____

_____

siento (vb) _____

_____

12. ciervo _____

_____

siervo _____

_____

13. cita _____

_____

sita _____

_____

14. cito (vb) _____

_____

sito _____

_____

15. cocer _____

_____

coser _____

_____

16. concejo _____

_____

consejo _____

_____

17. enceres (vb) _____

_____

enseres _____

_____

18. hoces _____

_____

oses (vb) _____

_____

19. intención _____

_____

intensión _____

_____

20. meces (vb) _____

_____

meses _____

_____

21. peces _____

_____

peses (vb) _____

_____

22. reces (vb) _____

_____

reses _____

_____

23. reciente _____

_____

resiente (vb) _____

_____

──────────────────────────── HOMÓFONOS C–SC

1 . adolecente _____

_____

adolescente _____

_____

2 . hacienda _____

_____

ascienda (vb) _____

_____

3 . haciendo (vb) _____

_____

asciendo (vb) _____

_____

XXVI. Agrega los acentos y signos de puntuación que se han omitido en el texto siguiente.

Tienes que poner: *49* acentos   *14* punto y seguido   *5* punto y aparte
1 punto final   *1* punto y coma   *5* dos puntos   *8* guiones   *21* comas
2 signos de interrogación   *2* paréntesis

(56) HISTORIA DE LOS DOS QUE SOÑARON

Cuentan los hombres dignos de fe pero solo Ala es omnisciente y poderoso y misericordioso y no duerme que hubo en El Cairo un hombre poseedor de riquezas pero tan magnanimo y liberal que todas las perdio menos la casa de su padre y que se vio forzado a trabajar para ganarse el pan Trabajo tanto que el sueño lo rindio debajo de una higuera de su jardin y vio en el sueño a un desconocido que le dijo

Tu fortuna esta en Persia en Isfajan vete a buscarla

A la madrugada siguiente se desperto y emprendio el largo viaje y afronto los peligros de los desiertos de los idolatras de los rios de las fieras y de los hombres Llego al fin a Isfajan pero en el recinto de esa ciudad lo sorprendio la noche y se tendio a dormir en el patio de una mezquita Habia junto a la mezquita una casa y por el decreto de Dios Todopoderoso una pandilla de ladrones atraveso la mezquita y se metio en la casa y las personas que dormian se despertaron y pidieron socorro Los vecinos tambien gritaron hasta que el capitan de los serenos de aquel distrito acudio con sus hombres y los bandoleros huyeron por la azotea El capitan hizo registrar la mezquita y en ella dieron con el hombre de El Cairo y lo llevaron a la carcel El juez lo hizo comparecer y le dijo

Quien eres y cual es tu patria

El hombre declaro

Soy de la ciudad famosa de El Cairo y mi nombre es Yacub El Magrebí

El juez le pregunto

Que te trajo a Persia

El hombre opto por la verdad y le dijo

Un hombre me ordeno en un sueño que viniera a Isfajan porque ahi estaba mi fortuna Ya estoy en Isfajan y veo que la fortuna que me prometio ha de ser esta carcel

El juez se echo a reir

Hombre desatinado le dijo tres veces he soñado con una casa en la ciudad de El Cairo en cuyo fondo hay un jardin y en el jardin un reloj de sol y despues del reloj de sol una higuera y bajo la higuera un tesoro No he dado el menor credito a esa mentira Tu sin embargo has errado de ciudad en ciudad bajo la sola fe de tu sueño Que no vuelva a verte en Isfajan Toma estas monedas y vete

El hombre las tomo y regreso a la patria Debajo de la higuera de su casa que era la del sueño del juez desenterro el tesoro Asi Dios le dio bendicion y lo recompenso y exalto Dios es el Generoso el Oculto

ANÓNIMO ÁRABE
en *Lectura en voz alta*

(Comprobación 68. p. 283)

USOS DE LA S

I. Lee.

(57)   Todo había empezado el lunes de la semana anterior, a las tres de la madrugada y a pocas cuadras de allí.

La señora Rebeca, una viuda solitaria que vivía en una casa llena de cachivaches, sintió a través del rumor de la llovizna que alguien trataba de forzar **desde** afuera la puerta de la calle. Se levantó, buscó a tientas en el ropero un revólver arcaico que nadie había **disparado** desde los tiempos del Coronel Aureliano Buendía, y fue a la sala sin encender las luces. Orientándose no tanto por el ruido de la cerradura como por un terror **desarrollado** en ella por veintiocho años de soledad, localizó en la imaginación no sólo el sitio donde estaba la puerta sino la altura exacta de la cerradura. Agarró el arma con las dos manos, cerró los ojos y apretó el gatillo. Inmediatamente **después** de la detonación no sintió nada más que el murmullo de la llovizna en el techo de cinc. Después percibió un golpecito metálico en el andén de cemento y una voz muy baja, apaciable, pero terriblemente fatigada: ''Ay, mi madre''. El hombre que amaneció muerto frente a la casa, con la nariz **despedazada,** vestía una franela a rayas de colores, un pantalón ordinario con una soga en lugar de cinturón, y estaba **descalzo**.

Nadie lo conocía en el pueblo.

GABRIEL GARCÍA MÁRQUEZ
Los funerales de la mamá grande

Escribe a continuación las palabras en negritas.

_____   _____   _____

_____   _____   _____

Ya habrás observado que todas empiezan por las sílabas

_____ o _____

(Comprobación 69. p. 284)

> Las palabras que empiezan con **des** y **dis** se escriben con **s**.

II. Completa con DES o DIS.

1. ____perso	5. ____calabrar	9. ____cubrimiento
2. ____esperación	6. ____minuir	10. ____fraz
3. ____encanto	7. ____eño	11. ____imular
4. ____ertación	8. ____censo	12. ____carga

Vuelve a escribir las palabras que acabas de formar.

III. Escribe el opuesto de estos verbos.

Ej.   andar   <u>desandar</u>

1. atar	_____	6. esperar	_____
2. agradar	_____	7. cargar	_____
3. asir	_____	8. honrar	_____
4. calzar	_____	9. envainar	_____
5. amparar	_____	10. organizar	_____

OBSERVA:

cuantioso   glorioso   gozoso   dichoso

Estos adjetivos terminan en _____
Cámbialos al femenino:

_____   _____   _____   _____

Terminan en _____ .

(Comprobación 70. p. 284)

En los **adjetivos** terminados en **oso** y **osa,** usamos **s.**

IV. Escribe el femenino.

1. hermoso	_____	6. curioso	_____
2. ocioso	_____	7. gracioso	_____
3. peligroso	_____	8. pavoroso	_____
4. cauteloso	_____	9. perezoso	_____
5. alevoso	_____	10. delicioso	_____

V. Escribe un adjetivo de la misma familia.

Ej.   desastre   <u>desastroso</u>

1. religión   _____   2. dicha   _____

3. fuerza _____   7. encaje _____

4. ambición _____   8. labor _____

5. vapor _____   9. ansia _____

6. dicha _____   10. roña _____

OBSERVA:

pozo   **rebozo**   **calabozo**

Estas palabras terminan en _____ .

No pertenecen a la regla que acabamos de aprender, porque no son adjetivos; son _____ .

Hay muchos sustantivos terminados en _____ .

(Comprobación 71. p. 284)

VI. Escribe el plural.

1. mozo _____   6. trozo _____

2. sollozo _____   7. embozo _____

3. calabozo _____   8. alborozo _____

4. rebozo _____   9. esbozo _____

5. destrozo _____   10. pozo _____

VII. Completa con OSO, OSA, OZO.

1. En el calab____ están encerrados varios prisioneros ansi____s ya por conocer su suerte.
2. La piñata fue recibida con un g____ enorme de los niños, dese____s ya de romperla.
3. Un hombre silenci____ y pensativo ha estado aquí observando el infructu____ rescate de las víctimas.
4. En el fondo del p____ encontraron el cadáver. Se trata de un hombre de mediana edad, can____, bien vestido y sin ninguna identificación.
5. Es un niño perez____ e impuntual. Además ha causado destr____s en la escuela.

VIII. Lee.

aspecto   **espanto**   **isla**   **oscuro**
asterisco   **estrella**   **Israel**   **oscilar**

Escribe la primera sílaba de las palabras que acabas de leer: _____ ,
_____ , _____ , _____ .

De lo anterior podríamos decir que:

Cuando las sílabas **as, es, is** y **os,** seguidas de una consonante, van al principio de la palabra, se escriben con _____ .
Excepto: **azteca, izquierda.** Y algunos apellidos: **Azcárraga, Azcona,** etc.

(Comprobación 72. p. 284)

IX. Completa con AS, ES, IS, OS.

1. ____finge   4. ____cilar   7. ____tentoso

2. ____pa   5. ____terisco   8. ____quivar

3. ____pía   6. ____curo   9. ____paviento

Escribe en tu cuaderno las palabras que acabas de formar.

X. Observa con atención las siguientes palabras y escribe dos veces cada una.

azteca   _____   _____

izar   _____   _____

azul   _____   _____

azúcar   _____   _____

izquierda   _____   _____

azar   _____   _____

azahar   _____   _____

azufre   _____   _____

azabache   _____   _____

azafrán   _____   _____

Azcárraga   _____   _____

Azcona   _____   _____

OBSERVA:

cristian**ismo**   trape**cista**
bud**ismo**   izquierd**ista**

Las terminaciones **ismo** (modo, sistema, doctrina) e **ista** (el que ejerce o pertenece a un oficio, profesión, escuela, partido) se escriben con **s.**

XI. Completa con ISMO o ISTA. Escribe el significado de cada palabra.

1. protestant _____   _____

_____

2. telegraf _____   _____

_____

3. galic _____   _____

_____

4. sof _____   _____

_____

5. social _____   _____

_____

6. social _____   _____

_____

XII. Lee con atención.

sumi**so**	suce**sor**	vi**sible**	eva**sivo**
sumi**sión**	suce**sión**	vi**sión**	eva**sión**

Los sustantivos terminados en **sión** —cuando son de la misma familia de los adjetivos terminados en **so, sor, sible, sivo**— se escriben con **s.**

XIII. Forma los sustantivos correspondientes.

Ej.   confuso   confusión

1. difuso _____	11. previsible _____
2. indeciso _____	12. admisible _____
3. conciso _____	13. remisible _____
4. impreso _____	14. comprensible _____
5. profuso _____	15. reprensible _____
6. revisor _____	16. repulsivo _____
7. ascensor _____	17. explosivo _____
8. agresor _____	18. subversivo _____
9. opresor _____	19. compulsivo _____
10. provisor _____	20. adhesivo _____

Vuelve a escribir los sustantivos que acabas de anotar.

XIV. Escribe el adjetivo correspondiente. Recuerda que debe terminar en SO, SOR, SIBLE, SIVO.

Ej.   comprensión   <u>comprensible</u>

1. sumisión _____   5. invasión _____

2. visión _____   6. precisión _____

3. ascensión _____   7. convulsión _____

4. reclusión _____   8. evasión _____

Vuelve a escribir estas palabras en tu cuaderno.

OBSERVA:

seguido   segmento   siguiente   siglo

Las primeras tres letras de estas palabras son _____ y _____ .

> Las palabras que empiezan con **seg** y **sig** se escriben con **s**.
> Excepto: **cegar, cigarra, cigarro, cigüeña** y sus derivados.

XV. Completa con SEG o SIG.

1. ____regar   5. ____nificación

2. ____nificativo   6. ____uimiento

3. ____la   7. ____natario

4. ____ar   8. ____uridad

Vuelve a escribir las palabras que acabas de formar.

OBSERVA:

grande — grand**ísimo**   útil — util**ísimo**
grande — grand**ísima**   útil — util**ísima**

> Las terminaciones del superlativo **ísimo, ísima,** se escriben con **s**.

XVI. Forma el superlativo.

1. caro _____   5. fuerte _____

2. fea _____   6. inteligente _____

3. tonto _____   7. bella _____

4. alto _____   8. sucia _____

Vuelve a escribir las palabras que acabas de formar.

OBSERVA CON ATENCIÓN:

respeta**ble**   respeta**bilísimo**

Fíjate que **ble** cambia por **bil**. Se conserva la **b**.

XVII. Forma el superlativo.

1. afable _____   4. noble _____

2. agradable _____   5. posible _____

3. amable _____   6. sensible _____

Vuelve a escribir las palabras que acabas de formar.

XVIII. Lee con atención.

1. El hombre estaba **dispuesto** a dormir una larga **siesta**.
2. En un **manifiesto** publicado en señal de **protesta** indicaron que no se han respetado ni siquiera los días de **fiesta**.
3. Su **respuesta** fue tirar el documento al **cesto** de los papeles con un **gesto** de desagrado.

Vuelve a escribir las palabras en negritas.

_____ _____ _____ _____

_____ _____ _____ _____

Todas las palabras que acabas de escribir terminan en

_____ o _____ .

| Las terminaciones **esto** y **esta** se escriben con **s**. |

XIX. Escribe una oración con cada una de las siguientes palabras.

1. cesta _____

2. compuesto _____

3. encuesta _____

4. resto _____

5. propuesta _____

6. repuesto _____

7. orquesta _____

8. apuesta _____

9. arresto _____

10. indispuesto _____

OBSERVA:

Sinaloa   **sinaloense**   Jalisco   **jalisciense**

Todos los gentilicios terminados en **ense, iense** se escriben con **s**, excepto **vascuence**.

XX. Escribe los gentilicios correspondientes.

1. Canadá _____   4. Nicaragua _____

2. Atenas _____   5. París _____

3. Costa Rica _____   6. Londres _____

ATENCIÓN:

Francia   **francés**
                           francesa

Observa que también los gentilicios terminados en **és, esa**, se escriben con **s**.

XXI. Completa.

	(masculino)	(femenino)
1. De Inglaterra	_____	_____
2. De Holanda	_____	_____
3. De Finlandia	_____	_____
4. De Dinamarca	_____	_____
5. De Japón	_____	_____
6. De Portugal	_____	_____
7. De Escocia	_____	_____
8. De Aragón	_____	_____

XXII. Lee.

semidormido   **semicírculo**   **semitonto**

¿Qué significa la partícula **semi**? _____.

Recuerda que **semi** siempre se escribe con _____.

(Comprobación 73. p. 284)

XXIII. Forma palabras con la partícula SEMI.

Ej.   dios   semidiós

1. inconsciente _____   4. desnudo _____

2. muerto _____   5. recta* _____

3. despierta _____   6. plano _____

XXIV. Lee.

denso   dispensa
inmenso   recompensa
consenso   extensa

Subraya las cuatro últimas letras de las palabras que acabas de leer.
Ya habrás observado que:

> Se escriben con s las terminaciones **enso**, **ensa** de muchos sustantivos y adjetivos.

XXV. Completa con ENSO o ENSA, y escribe nuevamente las palabras completas.

1. desp _____   _____   _____   _____

2. c   _____   _____   _____   _____

3. def _____   _____   _____   _____

4. inci _____   _____   _____   _____

5. asc _____   _____   _____   _____

6. pr   _____   _____   _____   _____

7. desc _____   _____   _____   _____

8. of   _____   _____   _____   _____

> Hay excepciones: **el comienzo, la trenza.**
> Debemos recordar los verbos **comenzar** y **trenzar.**

XXVI. Completa las siguientes palabras con la terminación SIS y escríbelas nuevamente.

1. análi ____   _____   3. neuro ____   _____

2. catar ____   _____   4. ósmo ____   _____

* Recuerda que la r entre vocales debe duplicarse.

5. cri _____ _____   11. paráli ____ _____

6. diére _____ _____   12. parénte____ _____

7. do _____ _____   13. simbio ____ _____

8. énfa _____ _____   14. sínte ____ _____

9. hipóte _____ _____   15. te ____ _____

10. metamorfo____ _____   16. ti ____ _____

Busca en el diccionario el significado de cada una de estas palabras y escríbelo en tu cuaderno. Observa que todas son de origen griego.

XXVII. Cambia al femenino.

grotesco _____   morisco _____

pintoresco _____   arisco _____

brusco _____   chusco _____

Estos adjetivos terminan en _____ , _____ y _____ en sus formas masculinas. Y, en las femeninas, terminan en _____ , _____ y _____ .

Observa los sustantivos siguientes. Escríbelos.

el parentesco _____   la ventisca _____

el refresco _____   la gresca _____

el disco _____   el pedrusco _____

la pesca _____   el risco _____

¿Tienen las mismas terminaciones? _____

(Comprobación 74. p. 285)

Podemos decir entonces:

> Se escriben con **s** las terminaciones **esco, esca, isco, isca, usco** y **usca** de adjetivos y sustantivos.
> Hay excepciones:
> **bizco, blancuzco, blanduzco, Cuzco, negruzco, pellizco, pizca** y otras menos frecuentes.

XXVIII. Forma un adjetivo de la misma familia.

Ej.   moro   _morisco_

1. pardo _____   2. caballero _____

3. burla _____   6. brusquedad _____

4. verde _____   7. moro _____

5. gigante _____   8. bruja _____

Escribe el femenino de los adjetivos que acabas de anotar.

XXIX. **Escribe las siguientes palabras. Después búscalas en el diccionario y anota su significado.**

1. churrigueresco _____   _____

_____

2. plateresco _____   _____

_____

VERBOS CON **S-Z-C**

ATENCIÓN:

parezco	pellizco	conduzco
merezca	pizca	reduzca

Ya en la lección 10 (VERBOS CON **C**, pág. 117) habíamos visto los verbos terminados en **cer** y **cir**.

Ahora vamos a revisarlos, junto con los terminados en **izcar**, para evitar confusiones con lo que acabamos de aprender: sustantivos y adjetivos terminados en **esco, isco, usco**.

RECUERDA:

> Los verbos terminados en **cer** y **cir** añaden una **z** en la primera persona del presente de indicativo y en todas las personas del presente de subjuntivo.

merecer		**producir**	
merezco	merezca	produzco	produzca
	merezcas		produzcas
	merezca, etc.		produzca, etc.

Los verbos **pellizcar** y **pizcar** conservan la **z** de su infinitivo en todos los tiempos y personas.

Recuerda lo importante que es asociar las palabras con otras de su misma familia para escribirlas correctamente. Por ejemplo, **pellizcar** y **pellizco**, **pizcar** y **pizca**.

Nunca debemos olvidar que los compuestos y los derivados conservan la ortografía de la voz primitiva.

XXX. Conjuga los siguientes verbos en presente de indicativo y de subjuntivo.

(CER — CIR)

conducir   **reconocer**

_____ _____   _____ _____
_____ _____   _____ _____
_____ _____   _____ _____
_____ _____   _____ _____
_____ _____   _____ _____

reducir   **favorecer**

_____ _____   _____ _____
_____ _____   _____ _____
_____ _____   _____ _____
_____ _____   _____ _____
_____ _____   _____ _____

(IZCAR)

pellizcar   **pizcar**

_____ _____   _____ _____
_____ _____   _____ _____
_____ _____   _____ _____
_____ _____   _____ _____
_____ _____   _____ _____

(ESCAR)   **(ASCAR)**

pescar   **rascar**

_____ _____   _____ _____
_____ _____   _____ _____
_____ _____   _____ _____

_____ _____ _____   _____
_____ _____ _____   _____
_____ _____ _____   _____

(ISCAR)

confiscar   **ciscar**

_____ _____ _____   _____
_____ _____ _____   _____
_____ _____ _____   _____
_____ _____ _____   _____
_____ _____ _____   _____
_____ _____ _____   _____

VERBOS CON S

La señora **acostó** al niño muy temprano.
        (acostar)

La señora **se acostó** muy temprano.
        (acostarse)

Los verbos **reflexivos** o **pronominales** agregan el pronombre **se** al infinitivo. El verbo y el pronombre forman una sola palabra.

XXXI. Escribe el infinitivo correspondiente.

1. nos quejábamos _____
2. buscabais _____
3. me divertí _____
4. se lavaron _____
5. preguntarías _____

6. te vas _____
7. me arrepiento _____
8. conseguirían _____
9. acabóse _____
10. seguirán _____

Se escribe con **s** el pronombre **se** que se agrega al infinitivo de los verbos reflexivos.

XXXII. Lee con atención.

el reverso   perverso   dispersamos
el universo   diversa   'malverse
(   )   (   )   (   )

Escribe en el paréntesis qué clase de palabras (sustantivo, adjetivo, adverbio, verbo, etc.) son las que acabas de leer.

(Comprobación 75. p. 285)

XXXIII. Escribe las siguientes palabras.

converse   _____   _____   _____

persa   _____   _____   _____

viceversa   _____   _____   _____

verso   _____   _____   _____

reverso   _____   _____   _____

inverso   _____   _____   _____

perverso   _____   _____   _____

terso   _____   _____   _____

adverso   _____   _____   _____

disperse   _____   _____   _____

Las terminaciones **erso, ersa, erse,** de sustantivos, adjetivos y verbos se escriben con **s.**

XXXIV. Conjuga los siguientes verbos en el presente y el pretérito de indicativo, y en el presente de subjuntivo.

1. **dispersar**

_____   _____   _____

_____   _____   _____

_____   _____   _____

_____   _____   _____

_____   _____   _____

_____   _____   _____

2. conversar

_____   _____   _____

_____   _____   _____

_____   _____   _____

_____   _____   _____

_____   _____   _____

_____   _____   _____

3. tergiversar

_____   _____   _____

_____   _____   _____

_____   _____   _____

_____   _____   _____

_____   _____   _____

_____   _____   _____

4. malversar

_____   _____   _____

_____   _____   _____

_____   _____   _____

_____   _____   _____

_____   _____   _____

_____   _____   _____

XXXV. Lee.

| fuerzo | almuerzo | tuerzo | esparzo |
| fuerce | almuerce | tuerce | esparce |

retozar | Las terminaciones de los verbos que llevan una **z** en el infinitivo, conservan esta **z** o la sustituyen por una **c** (antes de **e** o **i**).

zurcir | Los verbos que llevan una **c** en el infinitivo, la conservan antes de **e, i,** y la sustituyen por **z** antes de **a, o, u.**

XXXVI. Conjuga los siguientes verbos en el presente y el pretérito de indicativo, y en el presente de subjuntivo.

1. reforzar

_____   _____   _____
_____   _____   _____
_____   _____   _____
_____   _____   _____
_____   _____   _____
_____   _____   _____

2. torcer

_____   _____   _____
_____   _____   _____
_____   _____   _____
_____   _____   _____
_____   _____   _____

3. retozar

_____   _____   _____
_____   _____   _____
_____   _____   _____
_____   _____   _____
_____   _____   _____

4. zurcir

_____   _____   _____
_____   _____   _____
_____   _____   _____
_____   _____   _____

5. **ejercer**

_____   _____   _____
_____   _____   _____
_____   _____   _____
_____   _____   _____
_____   _____   _____
_____   _____   _____

6. **esparcir**

_____   _____   _____
_____   _____   _____
_____   _____   _____
_____   _____   _____
_____   _____   _____
_____   _____   _____

PARÓNIMOS S-C

XXXVII. Lee con atención los siguientes pares de palabras.

PARÓNIMOS

concepción——————— concesión
confección ——————— confesión
lección ———————————lesión
sección———————————sesión

Se llaman **parónimas** las voces que se pronuncian en forma parecida o semejante. Son diferentes en su escritura y en su significado, pero como suelen confundirse, es conveniente estudiarlas.

Busca cada una de las palabras anteriores en el diccionario y escribe su significado.

HOMÓFONOS S—SC

XXXVIII. Busca en el diccionario el significado de las siguientes voces homófonas. (CUANDO SE TRATE DE UNA FORMA VERBAL (vb), ANOTA SÓLO EL INFINITIVO CORRESPONDIENTE).

1. asenso _____

_____

ascenso _____

_____

2. asiendo (vb) _____

_____

asciendo (vb) _____

_____

3. consiente (vb) _____

_____

consciente _____

_____

4. deshinchar _____

_____

descinchar _____

_____

XXXIX. Agrega los acentos y signos de puntuación que se han omitido en el texto siguiente.

> Tienes que poner: *20* acentos *12* punto y seguido *1* punto y aparte *1* punto final *3* dos puntos *2* guiones *19* comas *1* signos de interrogación *4* comillas

(58)   En el grabado se ve la ejecución mas bien el suplicio de un jefe indio Esta atado a un poste a la derecha Las llamas comienzan ya a cubrir la paja al pie del poste A su lado un padre franciscano con su sombrero de teja echado sobre la espalda se le acerca Tiene un libro un misal o una biblia en una mano y en la otra lleva un crucifijo El cura se acerca al indio con algun miedo ya que un indio amarrado siempre da mas miedo que un indio suelto quiza porque pueda soltarse Esta todavia tratando de convertirlo a la fe cristiana A la izquierda del grabado hay un grupo de conquistadores de armadura de hierro con arcabuces en las manos y espadas en ristre mirando la ejecución Al centro del grabado se ve un hombre minuciosamente ocupado en acercar la candela al indio El humo de la hoguera ocupa toda la parte superior derecha del grabado y ya no se ve nada

La leyenda dice que el cura se acerco mas al indio y le propuso ir al cielo El jefe indio entendia poco español pero comprendio lo suficiente y sabia lo bastante como para preguntar Y los españoles tambien ir al cielo Si hijo dijo el buen padre por entre el humo acre y el calor los

buenos españoles tambien van al cielo con tono paternal y bondadoso
Entonces el indio elevo su altiva cabeza de cacique el largo pelo negro
grasiento atado detras de las orejas su perfil aguileño todavia visible en
las etiquetas de las botellas de cerveza que llevan su nombre y dijo con
calma hablando por entre las llamas Mejor yo no ir al cielo mejor yo ir al
infierno

GUILLERMO CABRERA INFANTE
Vista del amanecer en el trópico

(Comprobación 76. p. 285)

I. Lee con atención.

(59) POBREZA Y RIQUEZA

Entre la **pobreza** y la **riqueza** escoge siempre la primera: se obtiene con menos trabajo y el pobre será siempre más feliz que el rico, pues aquél nada teme y éste está continuamente enfermo por las preocupaciones que trae el no dormir pensando siempre en los pobres.

AUGUSTO MONTERROSO
Lo demás es silencio

(60) No es pasar inadvertido lo que los vampiros buscan, pero hay que tener en cuenta que el sol no los destiñe en sentido contrario de ellos mismos: es decir que los vuelve sonrosados, elimina esa **palidez** <u>enfermiza</u> que justifica su insaciedad de sangre y la fomenta.

LUISA VALENZUELA
Libro que no muerde

Escribe a continuación las palabras en negritas.

_____   _____   _____

¿Puedes anotar sus terminaciones? _____ y _____.

(Comprobación 77. p. 285)

Decimos entonces:

> Las terminaciones **eza** y **ez** de los sustantivos abstractos, se escriben con **z**.

II. Escribe un sustantivo terminado en EZA o EZ.

1. cándido _____   3. largo _____

2. grande _____   4. llano _____

5. redondo _____   9. estúpido _____

6. cálido _____   10. ávido _____

7. viejo _____   11. duro _____

8. bello _____   12. idiota _____

Vuelve a escribir las palabras que acabas de formar.

Además de las palabras terminadas en **ez** y **eza** que acabamos de aprender, hay muchas palabras fuera de regla que tienen la misma terminación [es], [esa] y pueden escribirse **es, esa, ez, eza.**

Hay que practicarlas.

III. Escribe.

ajedrez _____ _____   interés _____ _____

vez _____ _____   res _____ _____

pez _____ _____   mes _____ _____

diez _____ _____   pues _____ _____

juez _____ _____   revés _____ _____

nuez _____ _____   después _____ _____

Suez _____ _____   ciprés _____ _____

sandez _____ _____   través _____ _____

cerveza _____ _____   Teresa _____ _____

corteza _____ _____   promesa _____ _____

cereza _____ _____   empresa _____ _____

maleza _____ _____   sorpresa _____ _____

fortaleza _____ _____   marquesa _____ _____

naturaleza _____ _____   dehesa _____ _____

pieza _____ _____   compresa _____ _____

cabeza _____ _____   presa _____ _____

alteza _____ _____   remesa _____ _____

IV. Escribe la palabra que está subrayada en el texto (60).

_____ Termina en _____ .

Completa con la misma terminación las siguientes palabras.

olvidad _____   escurridi _____   roj _____

Cámbialas ahora al masculino.

_____   _____   _____

(Comprobación 78. p. 285)

> Cuando las terminaciones **izo, iza** se refieren a una acción o situación
> que se repite (enfermizo) o al color o la materia de la palabra de la cual
> provienen (rojizo), se escriben con *z.*

V. Completa con IZO y cambia al femenino.

1. moved ____   _____   6. cen   ____   _____

2. cobr   ____   _____   7. enamorad ____   _____

3. plegad ____   _____   8. cal   ____   _____

4. huid   ____   _____   9. resbalad ____   _____

5. plom   ____   _____   10. quebrad ____   _____

Vuelve a escribir las palabras que acabas de formar.

Hay muchas palabras terminadas en **izo, iza** o **iso, isa.**
Vamos a praticar algunas.

VI. Escribe.

carrizo _____ _____   risa   _____ _____

mestizo _____ _____   prisa   _____ _____

rizo   _____ _____   aviso   _____ _____

tiza   _____ _____   permiso _____ _____

postizo _____ _____   conciso _____ _____

mellizo _____ _____   preciso _____ _____

hechizo _____ _____   piso   _____ _____

macizo   _____ _____   repisa   _____ _____

erizo   _____ _____   guiso   _____ _____

chorizo _____ _____   paraíso _____ _____

RECUERDA:

No todas las palabras se escriben con s/z/c, b/v, ll/y, etc., de acuerdo
con una regla. Hay muchas palabras fuera de regla. Por eso debemos leer
con atención, repetir por escrito las palabras y consultar el diccionario cuando haya duda.

OBSERVA:

bonanza   templanza   alabanza

Subraya la terminación de estas palabras.
Podemos decir que:

> Las palabras terminadas en **anza** se escriben con *z*. Excepciones: **mansa, gansa, cansa.**

VII. Completa con ANZA.

1. ch _____   5. us _____   9. adivin _____

2. p _____   6. Carr _____   10. tard _____

3. d _____   7. holg _____   11. enseñ _____

4. l _____   8. confi _____   12. mud _____

Vuelve a escribir las palabras que acabas de formar.

VIII. Forma un sustantivo de los siguientes verbos.

Ej.   acechar   acechanza

confiar _____   alabar _____

tardar _____   enseñar _____

adivinar _____   vengar _____

añorar _____   fiar _____

mudar _____   confiar _____

esperar _____   holgar _____

usar _____   matar _____

IX. Lee.

El hombre es un **flojonazo.**
Se dieron un **golpazo** tremendo

Le dio un **manazo** y el perro se enfureció.
Rompieron el vidrio de un **pelotazo.**

Vuelve a escribir las palabras en negritas.

_____   _____

_____   _____

Escribe su terminación: _____.

> La terminación **azo** se escribe con **z** con los aumentativos (flojonazo) o cuando expresa la idea de golpe (manazo = golpe que se da con la mano).

X. Forma sustantivos con AZO (GOLPE).

Ej.   hacha   hachazo

1. cabeza _____   7. rodilla _____
2. sable _____   8. tabla _____
3. cepillo _____   9. zapato _____
4. codo _____   10. bala _____
5. pelota _____   11. puerta _____
6. culata _____   12. puño _____

Vuelve a escribir las palabras que acabas de formar

XI. Forma el aumentativo en AZO o AZA.

Ej.   perro   perrazo

1. muchacho _____   6. amigo _____
2. mujer _____   7. maestra _____
3. libro _____   8. artista _____
4. película _____   9. actor _____
5. residencia _____   10. hospital _____

Vuelve a escribir las palabras que acabas de formar.

XII. Lee.

audaz   voraz   feroz

> Muchos **adjetivos** terminados en **az** y **oz** se escriben con **z**.

OBSERVA:

audaz	—	audaces	—	auda**cia**
voraz	—	voraces	—	vora**cidad**
feroz	—	feroces	—	fero**cidad**

Estos adjetivos pertenecen a la misma familia de los sustantivos terminados en **cia** y **cidad**.

XIII. Vuelve a escribir el adjetivo; cámbialo al plural y anota el sustantivo correspondiente.

1. suspicaz _____ _____ _____

2. precoz _____ _____ _____

3. tenaz _____ _____ _____

4. eficaz _____ _____ _____

5. capaz _____ _____ _____

6. perspicaz _____ _____ _____

7. veraz _____ _____ _____

8. atroz _____ _____ _____

9. rapaz _____ _____ _____

10. veloz _____ _____ _____

OBSERVA:

compadr**azgo**   almirant**azgo**

Las palabras que terminan en **azgo** se escriben con **z**.
Excepción: **rasgo**

XIV. Completa con AZGO.

1. hall _____   4. padrin _____

2. mayor _____   5. hart _____

3. novi _____   6. port _____

Escribe tres veces.

rasgo _____ _____ _____

OBSERVA:

actor**zuelo**   porte**zuela**
gen**tuza**   os**ezno**

Las terminaciones **zuelo, zuela** y **uza** (despectivos), así como **ezno** (diminutivo), se escriben con **z**.

XV. Completa con ZUELO, ZUELA.

1. beste _____   3. porte _____

2. reye _____   4. ladron _____

5. escritor _____   6. bribon _____

Vuelve a escribir las palabras que acabas de formar.

XVI. Escribe dos veces el diminutivo.

De oso   osezno_____   _____

De víbora_____   _____

De lobo   _____   _____

OBSERVA:

quemazón   razón   corazón

Subraya la terminación de las palabras que acabas de leer.

La mayoría de las palabras agudas que terminan en **zón** se escriben con **z**. Hay excepciones importantes:

blasón	—	**bolsón**	—	**camisón**
masón	—	**mesón**	—	**requesón**
tesón				

XVII. Completa con ZÓN y vuelve a escribir las palabras siguientes.

1. ti   _____ _____   6. desa _____ _____

2. arma   _____ _____   7. d a n _____ _____

3. cal   _____ _____   8. l i g a _____ _____

4. hincha _____ _____   9. trope _____ _____

5. come   _____ _____   10. tabla _____ _____

Practica también las excepciones:

blasón   _____ _____   mesón   _____ _____

bolsón   _____ _____   requesón _____ _____

camisón _____ _____   tesón   _____ _____

masón   _____ _____

ATENCIÓN:

María Lóp**ez** Pér**ez**
Luisa Rodrígu**ez** Martín**ez**

Estos apellidos, muy frecuentes en español, terminan en **ez**.

Observa que son derivados de un nombre propio.

De Lope   —   López
    Pedro   —   Pérez

XVIII. Escribe el patronímico correspondiente.

1. De Gutierre _____   7. De Mendo _____

2. De Gonzalo _____   8. De Ramiro _____

3. De Álvaro _____   9. De Benito _____

4. De Martín _____   10. De Domingo _____

5. De Rodrigo _____   11. De Fernando _____

6. De Sancho _____   12. De Velasco _____

OBSERVA:

actor   —   actriz

La terminación **triz** se escribe con *z*. Se usa para formar el femenino de algunos nombres terminados en **tor** o **dor**.

XIX. Escribe el femenino.

1. emperador _____   3. actor _____

2. director _____   4. instructor _____

Hay muchas otras palabras que se escriben con **z**.

XX. Escríbelas.

a) cedazo _____ _____ retazo _____ _____

pedazo _____ _____ espinazo _____ _____

plazo _____ _____ cazo _____ _____

b) coz _____ _____ hoz _____ _____

voz _____ _____ arroz _____ _____

c) calabaza _____ _____ mostaza _____ _____

tenaza _____ _____ melaza _____ _____

d) antifaz _____ _____ solaz _____ _____

torcaz _____ _____ haz _____ _____

paz	_____	_____	montaraz	_____	_____
rapaz	_____	_____	disfraz	_____	_____
capaz	_____	_____	capataz	_____	_____

Escribe el plural de todas las palabras que acabas de formar. Recuerda que los grupos a) y c) conservan la **z;** en cambio, los grupos b) y d) cambian la **z** final por la **c.**

VERBOS CON **Z**

XXI. Lee.

| renazco | parezco | conozca | traduzco |
| renazcan | parezcamos | conozcáis | traduzcas |

(   )   (   )   (   )   (   )

Escribe el infinitivo de las formas verbales que acabas de leer.

Estos verbos terminan en _____ _____ _____ y _____

(Comprobación 79. p. 286)

Podemos entonces decir:

Se escriben con **z** las terminaciones de la 1a. persona del singular del presente de indicativo y todas las del presente de subjuntivo, de los verbos terminados en **acer, ecer, ocer** y **ucir.**
Excepciones:
cocer, hacer, mecer.

XXII. Conjuga los siguientes verbos en el presente de indicativo y en el de subjuntivo.

crecer   **pertenecer**

_____	_____	_____	_____
_____	_____	_____	_____
_____	_____	_____	_____
_____	_____	_____	_____
_____	_____	_____	_____
_____	_____	_____	_____

complacer

_____ _____

_____ _____

_____ _____

_____ _____

_____ _____

producir

_____ _____

_____ _____

_____ _____

_____ _____

_____ _____

deducir

_____ _____

_____ _____

_____ _____

_____ _____

_____ _____

envejecer

_____ _____

_____ _____

_____ _____

_____ _____

_____ _____

reconocer

_____ _____

_____ _____

_____ _____

_____ _____

_____ _____

conducir

_____ _____

_____ _____

_____ _____

_____ _____

_____ _____

Trabaja también las excepciones.

hacer
hago   haga

_____ _____

_____ _____

_____ _____

_____ _____

cocer
cuezo   cueza

_____ _____

_____ _____

_____ _____

_____ _____

mecer

mezo	_____	meza	_____
meces	_____	mezas	_____
mece	_____	meza	_____
mecemos	_____	mezamos	_____
mecéis	_____	mezáis	_____
mecen	_____	mezan	_____

XXIII. Lee.

aterrorizan   agonizó   paralizaron

(   )   (   )   (   )

avisaron   precisamos   guisarían

(   )   (   )   (   )

Escribe en el paréntesis el infinitivo que corresponda.

Anota las terminaciones:_____ e _____.

(Comprobación 80. p. 286)

Los verbos terminados en **izar** conservan la **z** del infinitivo antes de **a** y **o**.
Los verbos terminados en **isar** conservan la **s**.

XXIV. Conjuga los siguientes verbos en presente, pretérito y futuro de indicativo y en pretérito de subjuntivo.

realizar

realizo	realicé	realizaré	realizara
_____	_____	_____	_____
_____	_____	_____	_____
_____	_____	_____	_____
_____	_____	_____	_____
_____	_____	_____	_____

civilizar

_____	_____	_____	_____
_____	_____	_____	_____
_____	_____	_____	_____
_____	_____	_____	_____
_____	_____	_____	_____
_____	_____	_____	_____

organizar

_____	_____	_____	_____
_____	_____	_____	_____
_____	_____	_____	_____
_____	_____	_____	_____
_____	_____	_____	_____

paralizar

_____	_____	_____	_____
_____	_____	_____	_____
_____	_____	_____	_____
_____	_____	_____	_____

analizar

_____	_____	_____	_____
_____	_____	_____	_____
_____	_____	_____	_____
_____	_____	_____	_____
_____	_____	_____	_____
_____	_____	_____	_____

avisar

aviso	avisé	avisaré	avisara
_____	_____	_____	_____
_____	_____	_____	_____
_____	_____	_____	_____
_____	_____	_____	_____
_____	_____	_____	_____
_____	_____	_____	_____

guisar

_____	_____	_____	_____
_____	_____	_____	_____
_____	_____	_____	_____
_____	_____	_____	_____
_____	_____	_____	_____
_____	_____	_____	_____

pisar

_____	_____	_____	_____
_____	_____	_____	_____
_____	_____	_____	_____
_____	_____	_____	_____
_____	_____	_____	_____
_____	_____	_____	_____

improvisar

_____	_____	_____	_____
_____	_____	_____	_____
_____	_____	_____	_____
_____	_____	_____	_____
_____	_____	_____	_____
_____	_____	_____	_____

EJERCICIOS DE COMPROBACIÓN (c - s - z)

XXV. Completa con C, S. Z o SC.

(61)   Como es de suponer, yo ando en bu_ca de la ab_olu_ión total de mis pecados. Y esto no es co_a nueva, no; me viene de_de aquella ve_ a los on_e cuando le robé la gorra llena de monedas al _iego ese que pedía limo_na. Fue para comprarme una medallita, claro, y había hecho bien mis cálculos: la medalla tenía de un lado al Sagrado Cora-_ón y del otro una leyenda que ofre_ía 900 días de indulgen_ia a quien re_ara un padrenuestro ante la imagen. Si mis cuentas eran buenas, bastaba con cuatro padrenuestros para que el _ielo me perdona_e el robo. El re_to resultaba benefi_io neto: 900 día_ por ve_ no serán una eternidad pero pue_tos unos detrá_ de otros suman unas vaca_iones en el Paraí_o que da gusto imaginar.

LUISA VALENZUELA

Libro que no muerde

(Comprobación 81. p. 286)

(62) BRUJERÍA DEL GATO

Por compli_idad con la bruja había sido enjaulado el gato. Los inqui_idores sospechaban que podía haber diablo escondido bajo la piel del gato y fue senten_iado a arder en pira aparte, porque podía haber pecado de be_tialidad al quemar en la mi_ma hoguera persona humana y animal.

Bien maniatado con cadenas, el gato bruje_co produjo un repelu_no de e_calofrío entre los asi_tentes al auto de fe. Había algo de ca_a lu_iferiana en la pre_en_ia del gato.

La leña de la propi_ia_ión comen_ó a arder y durante un largo rato se oyeron maullidos infernales, hasta que al final, ya con_umida la fogata, se vieron sobre las _eni_as dos a_cuas que no se apagaban, los dos ojos fosfore_entes del gato.

RAMÓN GÓMEZ DE LA SERNA

(Comprobación 82. p. 286)

(63) MARAVILLA

Es una fuente que da agua los miércoles y viernes, leche los sábados y fiestas de los mártires, _erve_a y vino las fiestas e_pe_iales.

VIAJE DE MAELDÚIN

en *El libro de la imaginación*

(Comprobación 83. p. 286)

HOMÓFONOS S-Z

XXVI. Busca en tu diccionario el significado de las siguientes voces homófonas. (CUANDO SE TRATE DE UNA FORMA VERBAL (vb), ANOTA SÓLO EL INFINITIVO).

1. abrasar _____

   _____

   abrazar _____

   _____

2. as _____

   _____

   has (vb) _____

   _____

   haz _____

   _____

3. asar _____

   _____

   azar _____

   _____

4. casar _____

   _____

   cazar _____

   _____

5. caso (vb) _____

   _____

   cazo _____

   _____

6. encausar _____

   _____

   encauzar _____

   _____

7. hoz _____

_____

os_____

_____

8. losa _____

_____

loza _____

_____

9. mesa _____

_____

meza (vb) _____

_____

10. rasa _____

_____

raza _____

_____

11. rebosar _____

_____

rebozar _____

_____

12. resumen _____

_____

rezumen (vb) _____

_____

13. risa _____

_____

riza (vb) _____

_____

14. seta _____

_____

zeta _____

_____

15. sueco _____

_____

zueco _____

_____

16. tasa _____

_____

taza _____

_____

17. sumo _____

_____

zumo _____

_____

18. ves (vb) _____

_____

vez _____

_____

19. verás (vb) _____

_____

veraz _____

_____

XXVII. **Agrega los acentos y signos de puntuación que se han omitido en el texto siguiente.**

> Tienes que poner: *27* acentos *13* punto y seguido *7* punto y aparte *1* punto final *1* punto y coma *1* dos puntos *9* comas *4* guiones *2* signos de interrogación *1* signos de admiración *1* comillas

(64)   Era la hora en que los niños juegan en las calles de todos los pueblos llenando con sus gritos la tarde cuando aun las paredes negras reflejan la luz amarilla del sol

Al menos eso habia visto en Sayula todavia ayer a esta misma hora Y habia visto tambien el vuelo de las palomas rompiendo el aire quieto sacudiendo sus alas como si se desprendieran del dia Volaban y caian sobre los tejados mientras los gritos de los niños revoloteaban y parecian teñirse de azul en el cielo del atardecer

Ahora estaba aqui en este pueblo sin ruidos Oia caer mis pisadas sobre las piedras redondas con que estaban empedradas las calles Mis pisadas huecas repitiendo su sonido en el eco de las paredes teñidas por el sol del atardecer

Fui andando por la calle real en esa hora Mire las casas vacias las puertas desportilladas invadidas de yerba Como me dijo aquel fulano que se llamaba esta yerba La capitana señor Una plaga que nomas espera que se vaya la gente para invadir las casas Asi las vera usted

Al cruzar una bocacalle vi una señora envuelta en su rebozo que desaparecio como si no existiera Despues volvieron a moverse mis pasos y mis ojos siguieron asomandose al agujero de las puertas Hasta que nuevamente la mujer del rebozo se cruzo frente a mi

Buenas noches me dijo
La segui con la mirada Le grite
Donde vive doña Eduviges
Y ella señalo con el dedo
Alla La casa que esta junto al puente

JUAN RULFO

Pedro Páramo

(Comprobación 84. p. 286)

USOS DE LA X

I. Lee con atención.

(65) EL CAUTIVO

En aquel planeta situado en un confín de la galaxia, hubo preocupación, por haberse detectado rudimentarias **explosiones** atómicas, originadas más allá de Marte.

Se decidió, por tanto, enviar una nave con la misión de capturar un ser tipificado de aquella probable y peligrosa civilización.

Después de larga travesía la nave arribó, sigilosamente, a las cercanías de una gran ciudad. Y tras cuidadosa observación fue capturado, al amparo de la noche, uno de aquellos seres tan parecidos a los mismos **expedicionarios** y que pululaban constantemente por la urbe.

El regreso tuvo lugar.

Hasta la fecha, los sabios de aquel planeta ubicado en un lindero de la galaxia, no han podido determinar el coeficiente mental, ni la verdadera naturaleza e intenciones del Volkswagen rojo que fue secuestrado de un estacionamiento de la tierra, cierta vez, como a las dos de la mañana.

JORGE MEJÍA PRIETO
en *El libro de la imaginación*

Escribe a continuación las palabras en negritas:

_____   _____

¿Qué tienen en común con las siguientes palabras?

| excéntrico | extenso | exposición | excusa |
| excedente | exceso | expectativa | exhalación |

(Comprobación 85. p. 287)

Podemos decir que:

La partícula **ex** con la que empiezan muchas palabras, se escribe con **x**. **Ex,** que por regla general es inseparable, denota "fuera" o "más allá" de cierto espacio, límite de lugar o tiempo (**extender, extraer**); negación o privación (**exheredar**) o encarecimiento (**exclamar**).

II. Busca dos palabras de la misma familia.

Ej.   exaltar   exaltación   exaltado

1. exagerar _____

2. examinar _____

3. exasperar _____

4. excarcelar _____

5. excavar _____

6. exceptuar _____

7. existir _____

8. expandir _____

9. expender _____

10. explicar _____

11. explotar _____

12. expulsar _____

13. extrañar _____

14. exclamar _____

15. excluir _____

16. excomulgar _____

17. exentar _____

18. exigir _____

19. exiliar _____

20. exorcizar _____

21. expedir _____

22. experimentar _____

23. explorar _____

24. exportar _____

25. extender _____

26. extremar _____

OBSERVA:

exministro   exdiscípulo

exfuncionario   exesposa

La partícula **ex** antepuesta a nombres de dignidades o cargos denota que la persona de quien se habla los tuvo, pero ya no los tiene. También se usa antes de nombres o adjetivos de persona para indicar que ésta ha dejado de ser lo que aquéllos representan.

En estos casos la partícula **ex** puede escribirse separada o unida a la palabra.

exesposo   ex esposo

Las dos formas son frecuentes, pero la Academia prefiere la segunda.

III. Escribe el nombre del que fue, pero que ya no es:

presidente   expresidente

1. directora   _____   6. secretario   _____

2. alumno   _____   7. embajador   _____

3. amigo   _____   8. compañeros   _____

4. presidiario _____   9. rector   _____

5. combatiente _____   10. diputado   _____

Vuelve a escribir las palabras que acabas de formar.

IV. Lee.

extraterrestre   extraoficial   extraordinariamente

Estas palabras también tienen una partícula antepuesta: _____ que significa *fuera de.*

La partícula **extra** que se antepone a ciertas palabras para indicar **fuera de**, se escribe con **x**.

V. Vuelve a escribir las siguientes palabras, anteponiendo la partícula EXTRA.

1. curricular   _____   5. territorial   _____

2. muros   _____   6. radio*   _____

* Recuerda que la *r* entre vocales se duplica.

3. grande   _____   7. limitar   _____

4. oficialmente _____   8. ordinario   _____

Vuelve a escribir las palabras que acabas de formar.

ATENCIÓN:

        ex*pla*nada   ex*pli*car   ex*plo*rar
        ex*pre*sar   ex*pri*mir   ex*pro*piar

> Antes de **pla, pli, plo, pre, pri, pro,** usamos *ex* a principio de palabra.
> Hay algunas excepciones:
> **esplendor** es la más frecuente.

VI. Escribe dos palabras de la misma familia.

1. exprimir _____ _____   4. explorar _____ _____

2. explicar _____ _____   5. expresar _____ _____

3. explotar _____ _____   6. expropiar _____ _____

Vuelve a escribir las palabras que acabas de formar.

OBSERVA:

        hexámetro   hexágono   hexaedro

    ¿Qué tienen en común estas palabras?

_____

    ¿Qué significa la partícula *hexa*? _____

(Comprobación 86. p. 287)

> La partícula **hexa** (que significa **seis**) se escribe con **x.**

VII. Escribe dos veces cada una de las palabras siguientes, así como su significado. Usa tu diccionario.

1. hexaedro   _____   _____

_____

_____

2. hexágono   _____   _____

_____

_____

3. hexámetro _____   _____

_____

_____

4. hexángulo _____   _____

_____

_____

5. hexápodo _____   _____

_____

_____

6. hexasílabo _____   _____

_____

_____

VIII. Escribe cuatro veces.

flexión	inflexión	genuflexión
_____	_____	_____
_____	_____	_____
_____	_____	_____
_____	_____	_____

anexión	conexión	reflexión
_____	_____	_____
_____	_____	_____
_____	_____	_____
_____	_____	_____

crucifixión	complexión	transfixión
_____	_____	_____
_____	_____	_____
_____	_____	_____
_____	_____	_____

Observa que los sustantivos que acabas de escribir terminan en **xión**.

IX. Completa las siguientes palabras con **SIÓN, CIÓN, CCIÓN** o **XIÓN**, según convenga.

1. inci _____	9. deci _____	17. reda _____
2. amplia _____	10. comple _____	18. interroga _____
3. condu _____	11. adula _____	19. crucifi _____
4. refle _____	12. fle _____	20. admira _____
5. a _____	13. conce _____	21. corre _____
6. admi _____	14. genufle _____	22. cone _____
7. ane _____	15. rea _____	23. imagina _____
8. suce _____	16. inspe _____	24. infle _____

(Comprobación 87. p. 287)

Vuelve a escribir las palabras que acabas de formar.

Si tuviste errores, debes revisar las reglas correspondientes en las lecciones sobre **c** y **s**.

Hay muchas palabras que se escriben con **x** y que no siguen ninguna regla.

X. Vamos a practicarlas.

grupo **exc**

excedente	exceder	excelente	excelencia
_____	_____	_____	_____
_____	_____	_____	_____
_____	_____	_____	_____
excéntrico	**excepción**	**exceso**	**excesivo**
_____	_____	_____	_____
_____	_____	_____	_____
_____	_____	_____	_____
excepto	**excepcional**	**excipiente**	**excitación**
_____	_____	_____	_____
_____	_____	_____	_____
_____	_____	_____	_____

x intermedia

asfixia	auxilio	axioma	boxeo

elixir	flexible	léxico	luxación

maxilar	máximo	nexo	óxido

oxígeno	ortodoxo	pretexto	próximo

saxofón	sexagenario	sexo	sexto

sintaxis	taxi	textil	texto

tórax   **tóxico**   **uxoricida**   **uxoricidio**

_____   _____   _____   _____

_____   _____   _____   _____

_____   _____   _____   _____

_____   _____   _____   _____

x final

clímax   **Félix**   **Fénix**

_____   _____   _____

_____   _____   _____

_____   _____   _____

ónix   **tórax**   **bórax**

_____   _____   _____

_____   _____   _____

_____   _____   _____

_____   _____   _____

HOMÓFONOS **S** – **X**

En las secciones anteriores correspondientes a voces homófonas, habíamos visto voces con idéntico sonido.

En el caso de la s - x recuerda que corresponden a fonemas diferentes, [s] y [ks], respectivamente.

Sin embargo, para fines ortográficos sí los agrupamos y los estudiamos de esta manera.

XII. Busca en tu diccionario el significado de las siguientes voces homófonas. (CUANDO SE TRATE DE UNA FORMA VERBAL (vb), ANOTA SÓLO EL INFINITIVO).

1. cesta _____

_____

   sexta _____

_____

2. contesto (vb) _____

_____

   contexto _____

_____

3. espiar_____

_____

   expiar_____

_____

4. espirar _____

_____

   expirar _____

_____

5. estática _____

_____

   extática _____

_____

6. estirpe _____

_____

   extirpe (vb) _____

_____

XIII. Agrega los acentos y signos de puntuación que se han omitido en el texto siguiente.

> Tienes que poner: *37* acentos *7* punto y seguido *2* punto y aparte *1* punto final *1* dos puntos *18* comas *1* guión *1* signos de interrogación

(66)   Muchas veces me han preguntado cuando escribi mi primer poema cuando nacio en mi la poesia

Tratare de recordarlo Muy atras en mi infancia y habiendo apenas aprendido a escribir senti una vez una intensa emocion y trace unas cuantas palabras semirrimadas pero extrañas a mi diferentes del lenguaje diario Las puse en limpio en un papel preso de una ansiedad profunda de un sentimiento hasta entonces desconocido especie de angustia y de tristeza Era un poema dedicado a mi madre es decir a la que conoci por tal a la angelical madrastra cuya suave sombra protegio toda mi infancia

Completamente incapaz de juzgar mi primera produccion se la lleve a
mis padres Ellos estaban en el comedor sumergidos en una de esas conversaciones en voz baja que dividen mas que un rio el mundo de los niños y el de los adultos Les alargue el papel con las lineas tembloroso
aun con la primera visita de la inspiracion Mi padre distraidamente lo tomo en sus manos distraidamente lo leyo distraidamente me lo devolvio
diciendome

De donde lo copiaste

Y siguio conversando en voz baja con mi madre de sus importantes
y remotos asuntos

Me parece recordar que asi nacio mi primer poema y que asi recibi
la primera muestra distraida de la critica literaria

PABLO NERUDA
Confieso que he vivido
Memorias

(Comprobación 88. p. 287)

USOS DE LA Y

I. Lee con atención.

(67)   Mi nana me lleva de la mano por la calle. Las aceras son de laja, pulidas, resbaladizas. Y lo demás de piedra. Piedras pequeñas que se agrupan como los pétalos en la flor. Entre sus junturas crece hierba menuda que los indios arrancan con la punta de sus machetes. **Hay** carretas arrastradas por **bueyes** soñolientos; hay potros que sacan chispas con los cascos. Y caballos viejos a los que amarran de los postes con una soga. Se están ahí el día entero, cabizbajos, moviendo tristemente la cabeza.

ROSARIO CASTELLANOS
Balún—Canán

Escribe a continuación las palabras en negritas.

_____   _____. Cambia la segunda

palabra al singular. _____

¿Qué tienen en común estas dos palabras?

_____

Localiza en el texto la palabra subrayada _____

(Comprobación 89. p. 288)

Observa con atención las tres palabras:

hay   *buey*   *ahí*

Ya habrás notado que:

> Usamos **y** al final de palabra cuando termina en un diptongo (hay, buey).
> Cuando no termina en diptongo, usamos **i**.(ahí, colibrí, viví, etc.).

RECUERDA: La letra **y** (**ye** o **y griega**) corresponde a dos fonemas: [y] o [i].
La **y** corresponde a [i] cuando va sola (conjunción ''y'') o al final de la palabra.
Cuando corresponde a [y], es consonante.

¿Hay alguna conjunción "y" en la lectura (67)? _____

¿Cuántas son? _____ Enciérralas en un círculo.

(Comprobación 90. p. 288)

II. Completa con AY, EY, OY, UY, según convenga.

1. Urugu ____   4. bu ____   7. v ____   10. conv ____

2. m ____   5. mam ____   8. r ____   11. l ____

3. h ____   6. Paragu ____ 9. Camagü ____ 12. s ____

Vuelve a escribir las palabras que acabas de formar.

III. Cambia al plural. Recuerda que se conserva la Y.

buey_____   mamey_____   rey _____

ley _____   batey _____   carey _____

RECUERDA: **ahí** no tiene diptongo porque el acento lo destruye.

IV. Escribe.

ahí   benjuí   oí   leí   creí

_____   _____   _____   _____   _____

_____   _____   _____   _____   _____

_____   _____   _____   _____   _____

OBSERVA:

        yema   yodo   yunque
        yermo   yoga   yugular

Subraya las dos primeras letras de las palabras que acabas de leer.

Podemos decir que:

La mayoría de las palabras que empiezan con **ye, yo, yu** se escriben con **y**.
ATENCIÓN:
Hay excepciones importantes

llegar - llenar - llevar
llorar - llover
lluvia

V. Completa con YE, YO, YU.

1. ____goslavo   6. ____nque   11. ____doformo

2. ____gua   7. ____sero   12. ____nta

3. ____so   8. ____xtaponer   13. ____rba

4. ____te   9. ____gular   14. ____cateco

5. ____ca   10. ____rno   15. ____duro

Vuelve a escribir las palabras que acabas de formar.
Recuerda que las excepciones a esta regla son importantes.
Hay que trabajarlas.

VI. Conjuga los siguientes verbos en presente y copretérito.

llegar   **llenar**

llego _____   llegaba _____   _____   _____

_____   _____   _____   _____

_____   _____   _____   _____

_____   _____   _____   _____

_____   _____   _____   _____

_____   _____   _____   _____

llevar   **llorar**

_____   _____   _____   _____

_____   _____   _____   _____

_____   _____   _____   _____

_____   _____   _____   _____

_____   _____   _____   _____

_____   _____   _____   _____

VII. Busca seis palabras de la misma familia del verbo LLOVER. Escribe dos veces cada una.

_____   _____   _____

_____   _____   _____

_____   _____   _____

_____   _____   _____

VIII. Localiza en tu diccionario tres palabras que empiecen igual a la que se ofrece como modelo.

adyacente _____   _____   _____

disyuntiva _____   _____   _____

subyugar _____   _____   _____

Ya habrás notado que después de **ad, dis** y **sub** se usa **y.**

OBSERVA:

proy**ec**til   **yer**go
tray**ec**to   **yer**mo

Las sílabas que contienen la **y** están en negritas.

Escríbelas a continuación: _____ , _____ .

Podemos decir que:

La mayoría de las palabras que contienen las sílabas **yer** y **yec** se escriben con **y.** Excepto: **Guillermo, taller, pollería, gallera,** etc.

IX. Completa con YER o YEC.

1. ab____to   3. ____to   5. pro____to

2. tra____toria   4. ____bero   6. in____ción

Vuelve a escribir las palabras que acabas de formar.

Hay muchas palabras que se escriben con **y,** sin seguir una regla.

X. Vamos a practicarlas.

aleluya   **arroyo**   **atalaya**   **ayudante**

_____   _____   _____   _____

_____   _____   _____   _____

_____   _____   _____   _____

aya   **boya**   **boyada**   **boyero**

_____   _____   _____   _____

_____   _____   _____   _____

_____   _____   _____   _____

ensayo	hoyo	maya	mayor
_____	_____	_____	_____
_____	_____	_____	_____
_____	_____	_____	_____
_____	_____	_____	_____

mayorazgo	mayordomo	oyente	papaya
_____	_____	_____	_____
_____	_____	_____	_____
_____	_____	_____	_____
_____	_____	_____	_____

pararrayos	playa	plebeyo	sayal
_____	_____	_____	_____
_____	_____	_____	_____
_____	_____	_____	_____
_____	_____	_____	_____

soslayo	yacer	yanqui	yarda
_____	_____	_____	_____
_____	_____	_____	_____
_____	_____	_____	_____
_____	_____	_____	_____

VERBOS CON Y

XI. Lee cuidadosamente.

diluimos	obstruiste	construían
diluyen	obstruyó	construyeran
( )	( )	( )

Escribe en los paréntesis los infinitivos que correspondan.
Ya habrás notado que los tres verbos terminan en _____ .

Los verbos terminados en **uir** agregan una **y** antes de **a, e, o.**

OBSERVA:

construir

Indicativo		Subjuntivo	
Presente	*Pretérito*	*Presente*	*Pretérito*
construyo	construí	construya	construyera
construyes	construiste	construyas	construyeras
construye	construyó	construya	construyera
construimos	construimos	construyamos	construyéramos
construís	construisteis	construyáis	construyerais
construyen	construyeron	construyan	construyeran

Gerundio: construyendo

XII. Conjuga los verbos siguientes como el modelo que se da.

obstruir

_____ _____ _____ _____
_____ _____ _____ _____
_____ _____ _____ _____
_____ _____ _____ _____
_____ _____ _____ _____
_____ _____ _____ _____

Gerundio: _____

instituir

_____ _____ _____ _____
_____ _____ _____ _____
_____ _____ _____ _____
_____ _____ _____ _____

Gerundio: _____

diluir

_____ _____ _____ _____
_____ _____ _____ _____
_____ _____ _____ _____
_____ _____ _____ _____
_____ _____ _____ _____

Gerundio: _____

huir

_____ _____ _____ _____
_____ _____ _____ _____
_____ _____ _____ _____
_____ _____ _____ _____
_____ _____ _____ _____
_____ _____ _____ _____

Gerundio: _____

destruir

_____ _____ _____ _____
_____ _____ _____ _____
_____ _____ _____ _____
_____ _____ _____ _____
_____ _____ _____ _____
_____ _____ _____ _____

Gerundio: _____

XIII. Lee.

oyeron	estoy	voy
( )	( )	( )
creyó	leyeron	haya .
( )	( )	( )

Escribe los infinitivos en los paréntesis.

Observa que ciertos verbos agregan un sonido [y] en determinadas personas. En estos casos se usa la letra **y.**

En otros casos —al formarse un diptongo terminado en [i] al final de palabra— se usa también una **y.**

> Con algunas formas verbales que en el infinitivo no llevan ni **y** ni **ll,** se usa **y.**

XIV. Escribe la primera persona del singular del presente de indicativo.

estar　　　<u>estoy</u>

ser _____　　　dar _____　　　ir _____

XV. Escribe tres veces las siguientes formas del verbo HABER.

hay　　　_____　　_____　　_____

haya　　　_____　　_____　　_____

hayamos　　_____　　_____　　_____

hayas　　　_____　　_____　　_____

hayan　　　_____　　_____　　_____

XVI. Conjuga como en el ejemplo.

creer

Pret. Ind.	*Pret. Subj.*		*Gerundio*
creí	creyera o	creyese	creyendo
creíste	creyeras	creyeses	
creyó	creyera	creyese	
creímos	creyéramos	creyésemos	
creísteis	creyerais	creyeseis	
creyeron	creyeran	creyesen	

oír

_____ _____ o _____ _____

_____ _____ _____

_____ _____ _____

_____ _____ _____

_____ _____ _____

_____ _____ _____

leer

_____ _____ o _____ _____

_____ _____ _____

_____ _____ _____

_____ _____ _____

_____ _____ _____

_____ _____ _____

caer

_____   _____o   _____   _____

_____   _____   _____

_____   _____   _____

_____   _____   _____

_____   _____   _____

_____   _____   _____

poseer

_____   _____o   _____   _____

_____   _____   _____

_____   _____   _____

_____   _____   _____

_____   _____   _____

_____   _____   _____

proveer

_____   _____o   _____   _____

_____   _____   _____

_____   _____   _____

_____   _____   _____

_____   _____   _____

_____   _____   _____

roer

_____   _____o   _____   _____

_____   _____   _____

_____   _____   _____

_____   _____   _____

_____   _____   _____

_____   _____   _____

Hay también verbos terminados en **yar.**
Pertenecen a la misma familia que los sustantivos en los cuales aparece una **y.**

OBSERVA:

apo**yo** — apo**yar**   ensa**yo** — ensa**yar**
ra**ya** — ra**yar**   desma**yo** — desma**yarse**
subra**yar**

XVII. Conjúgalos en tu cuaderno en diferentes tiempos y personas.

XVIII. Agrega los acentos y signos de puntuación que se han omitido en el texto siguiente.

Tienes que poner: *35* acentos *13* punto y seguido *6* punto y aparte *1* punto final *1* dos puntos *15* comas *4* guiones *1* signos de interrogación *1* comillas

(68)   Fue un martes en la tarde cuando mi santo abuelo pesco la ballena Bogo toda la noche del martes el miercoles completito siguio bogando y tempraneando el jueves lo divisamos a lo lejos y fuimos a ayudarle Habiamos estado temiendo que la mar se lo hubiera tragado Asi que cuando lo vimos nadamos con fuerza

Que trae usted abuelo preguntamos

Ballena contesto

El abuelo dirigio toda la maniobra Ordeno a mi tio que se trajera todos los arpones que habia en las tres casas del puerto y el en persona fue clavandoselos a la ballena e indicando donde debiamos de jalar las cuerdas para arrimarla a la orilla

Todo el pueblo estuvo tirando las cuerdas hasta el atardecer de aquel jueves bendito Cuando salio la luna el pescadazo estaba ya varado en las arenas como si fuera un barco encallado Yo no se de donde salieron tantas luciernagas esa noche pero todas se fueron a volar encima de la ballena llenandola de luces haciendola cada vez mas barco

Nadie durmio esa noche y todos queriamos subirnos a su lomo Y cuando mi santo tio se trepo lo unico que dijo fue Pues de verdad que si es ballena

Al amanecer empezamos a destazarla Todas las manos del pueblo ayudaron a cortar filetes a cubrirlos con sal extenderlos al sol y a hervir los peroles para sacar el aceite Trabajamos todo el viernes y el sabado hasta completar 53 barrilitos cerveceros de manteca Al promediar el domingo las moscas habian cubierto totalmente lo que quedaba de la ballena de tal manera que uno trabajaba en medio de un rumor constante Bandadas de pelicanos y alcatraces planeaban encima de nuestras cabezas y las gaviotas gritaban sin despegar la mirada de la ballena Los arboles y las piedras del pueblo estaban viciosos de zopilotes que extendian las alas al sol con impaciencia Los perros a punto de volverse locos de tanto comer y tanto correr ladraban para ahuyentar los pajaros

ERACLIO ZEPEDA
Asalto Nocturno

(Comprobación 91. p. 288)

15
USOS DE LA LL

I. Lee con atención.

(69) EL ROBOT

El robot pareció adquirir conciencìa de sí mismo. Lo comprendí en el **brillo** maléfico de sus **foquillos,** despidiendo *miradas* que *me veían.*

Las miradas intensas me traspasaron al ser devueltas por el espejo ante el que yo estaba, obedeciendo a la orden de observarme en esa superficie desde la cual me veía el otro robot.

NICIO DE LUMBINI
en *El libro de la imaginación*

Vuelve a escribir las palabras en negritas.

_____   _____

Cambia al singular la segunda de ellas.

_____

Anota ahora la terminación de estas palabras _____.

(Comprobación 92. p. 289)

Observa ahora las siguientes palabras:

ardilla   silla   avecilla   florecilla

¿Cuál es la terminación de estas palabras? _____.

A partir de lo anterior podemos decir:

> Las palabras que terminan en **illa** o **illo** se escriben con **ll** (**elle** o **doble ele**).
> En esta regla incluimos los diminutivos y despectivos.

II. Agrega ILLO o ILLA según convenga.

1. cast _____   3. arc _____   5. pand _____

2. ast _____   4. caud _____   6. gr _____

7. pal _____   9. cep _____   11. ladr _____

8. mant _____   10. cuch _____   12. v _____

Vuelve a escribir las palabras que acabas de formar.

III. Forma el diminutivo (ILLO, ILLA).

1. pez* _____   5. canción _____   9. lápiz _____

2. papel _____   6. pueblo _____   10. persona _____

3. cigarro _____   7. vestido _____   11. zapato _____

4. pájaro _____   8. figura _____   12. música _____

Vuelve a escribir las palabras que acabas de formar.

OBSERVA:

aquel — aquellos   doncel — doncella
botella — botellón   medalla — medallita

> Los plurales de algunas palabras que terminan con **l**, se escriben con **ll**. Los diminutivos y palabras emparentadas con otras que tienen **ll**, la conservan.

IV. Escribe tres palabras de la misma familia.

1. capilla _____ _____ _____

2. astilla _____ _____ _____

3. rodilla _____ _____ _____

4. medalla _____ _____ _____

5. cuello _____ _____ _____

6. castillo _____ _____ _____

7. metralla _____ _____ _____

8. tallo _____ _____ _____

9. gallo _____ _____ _____

10. aquel _____ _____ _____

ATENCIÓN:

La **ll** aparece en muchas palabras que no siguen una regla. Puede estar al principio (**lluvia**) o en medio de la palabra (**calle, patrulla**); pero sólo en palabras de uso poco frecuente aparece al final.

* Recuerda que la **z** final cambia por **c** ante **e** o **i**.

V. Escribe cuatro veces.

ll inicial

llaga _____ _____ _____ _____

llama _____ _____ _____ _____

llamar _____ _____ _____ _____

llano _____ _____ _____ _____

llanta _____ _____ _____ _____

llanura _____ _____ _____ _____

llave _____ _____ _____ _____

llegar _____ _____ _____ _____

llenar _____ _____ _____ _____

llevar _____ _____ _____ _____

llorar _____ _____ _____ _____

llover _____ _____ _____ _____

ll en medio de palabra

ampolla _____ _____ _____ _____

argolla _____ _____ _____ _____

armella _____ _____ _____ _____

arrullo _____ _____ _____ _____

barullo _____ _____ _____ _____

batalla _____ _____ _____ _____

botella _____ _____ _____ _____

bulla _____ _____ _____ _____

caballo _____ _____ _____ _____

criollo _____ _____ _____ _____

detalle _____ _____ _____ _____

embrollo _____ _____ _____ _____

gallina _____ _____ _____ _____

gatillo _____ _____ _____ _____

hulla _____ _____ _____ _____

malla _____ _____ _____ _____

meollo _____ _____ _____ _____

muralla   _____   _____   _____   _____

olla   _____   _____   _____   _____

patrulla   _____   _____   _____   _____

pollo   _____   _____   _____   _____

querella   _____   _____   _____   _____

VERBOS CON LL

OBSERVA:

engulle   zambulló

engullimos   zambullimos

(   )   (   )

Escribe los infinitivos correspondientes.

Ambos verbos terminan en _____.

> Todos los verbos que terminan en **llir,** se escriben con **ll.**

VI. Conjuga en pretérito, copretérito y pospretérito de indicativo.

zambullir

zambullí_____   zambullía_____   zambulliría_____

_____   _____   _____

_____   _____   _____

_____   _____   _____

_____   _____   _____

rebullir

_____   _____   _____

_____   _____   _____

_____   _____   _____

_____   _____   _____

_____   _____   _____

VII. Forma un verbo a partir del sustantivo que se da.

Ej.   De cepillo   cepillar

De sello _____   De botella em_____
De talle en_____   De fallo   _____

Todos los verbos que escribiste terminan en _____.

(Comprobación 93. p. 289)

Se escriben con **ll** los verbos terminados en **llar** derivados de un sustantivo que a su vez lleva una **ll**.
sello   sellar   botella   embotellar

VIII. Forma un verbo.

1. De silla   _____   3. De rodilla   _____

2. De cuchillo _____   4. De patrulla _____

(Comprobación 94. p. 289)

IX. Conjuga los cuatro verbos anteriores en presente y pretérito de subjuntivo.

1. _____   _____   3. _____   _____

    _____   _____   _____   _____

    _____   _____   _____   _____

    _____   _____   _____   _____

    _____   _____   _____   _____

    _____   _____   _____   _____

2. _____   _____   4. _____   _____

    _____   _____   _____   _____

    _____   _____   _____   _____

    _____   _____   _____   _____

    _____   _____   _____   _____

EJERCICIOS DE COMPROBACIÓN (Y - LL).

X. Completa con Y o LL.

(70) INSTRUCCIONES PARA DAR CUERDA AL RELOJ

A__á en el fondo está la muerte, pero no tenga miedo. Sujete el reloj con una mano, tome con dos dedos la __ave de la cuerda, remóntela suavemente. Ahora se abre otro plazo, los árboles despliegan sus hojas, las barcas corren regatas, el tiempo como un abanico se va __enando de sí mismo __ de él brotan el aire, las brisas de la tierra, la sombra de una mujer, el perfume del pan.

¿Qué más quiere, qué más quiere? Átelo pronto a su muñeca, déjelo latir en libertad, imítelo anhelante. El miedo herrumbra las áncoras, cada cosa que pudo alcanzarse __ fue olvidada va corro__endo las venas del reloj, gangrenando la fría sangre de sus pequeños rubíes. Y a__á en el fondo está la muerte si no corremos y __egamos antes y comprendemos que __a no importa.

JULIO CORTÁZAR
Historias de Cronopios y de Famas

(Comprobación 95. p. 289)

(71) VIETATO INTRODURRE BICICLETTE

En los bancos __ casas de comercio de este mundo a nadie le importa un pito que alguien entre con un repo__o bajo el brazo, o con un tucán, o soltando de la boca como un piolincito las canciones que me enseñó mi madre, o __evando de la mano un chimpancé con tricota a ra__as. Pero apenas una persona entra con una bicicleta se produce un revuelo excesivo, __ el vehículo es expulsado con violencia a la ca__e mientras su propietario recibe admoniciones vehementes de los empleados de la casa.

Para una bicicleta entre dócil __ de conducta modesta, constitu__e una humi__ación __ una befa la presencia de carteles que la detienen altaneros delante de las be__as puertas de cristales de la ciudad. (. . .) una fría maquinación preestablecida, horrendamente impresa en chapas de bronce o de esmalte, tablas de la le__ inexorable que aplastan la senci__a espontaneidad de las bicicletas, seres inocentes.

JULIO CORTÁZAR
Historias de Cronopios y de Famas

(Comprobación 96. p. 289)

──────────────────────────────── **HOMÓFONOS LL — Y**

XI. Busca en tu diccionario el significado de las siguientes voces homófonas. **(CUANDO SE TRATE DE UNA FORMA VERBAL (vb), ANOTA SÓLO EL INFINITIVO).**

1. arrollo (vb) _____

_____

arroyo _____

_____

2. halla (vb) _____

    _____

    haya _____

    _____

    haya (vb) _____

    _____

3. halles (vb) _____

    _____

    ayes _____

    _____

4. callado _____

    _____

    cayado _____

    _____

5. callo _____

    _____

    callo (vb) _____

    _____

    cayo _____

    _____

6. hulla _____

    _____

    huya (vb) _____

    _____

7. malla _____

    _____

    maya _____

    _____

8. rallar _____

    _____

    rayar _____

    _____

9. valla _____

_____

vaya (vb) _____

_____

XII. Agrega los acentos y signos de puntuación que se han omitido en el texto siguiente.

> Tienes que poner: *42* acentos *10* punto y seguido *1* punto y aparte *1* punto final *2* punto y coma *1* dos puntos *1* signos de interrogación *1* comillas *24* comas

(72) TÍA EN DIFICULTADES

Por que tendremos una tia tan temerosa de caerse de espaldas Hace años que la familia lucha para curarla de su obsesión pero ha llegado la hora de confesar nuestro fracaso Por mas que hagamos tia tiene miedo de caerse de espaldas y su inocente mania nos afecta a todos empezando por mi padre que fraternalmente la acompaña a cualquier parte y va mirando el piso para que tia pueda caminar sin preocupaciones mientras mi madre se esmera en barrer el patio varias veces al dia mis hermanas recogen las pelotas de tenis con que se divierten inocentemente en la terraza y mis primos borran toda huella imputable a los perros gatos tortugas y gallinas que proliferan en casa Pero no sirve de nada tia solo se resuelve a cruzar las habitaciones despues de un largo titubeo interminables observaciones oculares y palabras destempladas a todo chico que ande por ahi en ese momento Despues se pone en marcha apoyando primero un pie y moviendolo como un boxeador en el cajon de resina despues el otro trasladando el cuerpo en un desplazamiento que en nuestra infancia nos parecia majestuoso y tardando varios minutos para ir de una puerta a otra Es algo horrible

Varias veces la familia ha procurado que mi tia explicara con alguna coherencia su temor a caerse de espaldas En una ocasion fue recibida con un silencio que se hubiera podido cortar con guadaña pero una noche despues de su vasito de hesperidina tia condescendio a insinuar que si se caia de espaldas no podria volver a levantarse A la elemental observacion de que treinta y dos miembros de la familia estaban dispuestos a acudir en su auxilio respondio con una mirada languida y dos palabras Lo mismo Dias despues mi hermano el mayor me llamo por la noche a la cocina y me mostro una cucaracha caida de espaldas debajo de la pileta Sin decirnos nada asistimos a su vana y larga lucha por enderezarse mientras otras cucarachas venciendo la intimidacion de la luz circulaban por el piso y pasaban rozando a la que yacia en posicion decubito dorsal Nos fuimos a la cama con una marcada melancolia y por una razon u otra nadie volvio a interrogar a tia nos limitamos a aliviar en lo posible su miedo acompañarla a todas partes darle el brazo y com-

prarle cantidad de zapatos con suelas antideslizantes y otros dispositi-
vos estabilizadores La vida siguio asi y no era peor que otras vidas

JULIO CORTÁZAR
Historias de Cronopios y de Famas

(Comprobación 97. p. 289)

16
USOS DE LA H

I. Lee con atención.

(73) LA VISITANTE

No soy astrónomo ni noctámbulo, sino un insomne predestinado. Anoche, contemplando a la luna amenazada de cosmonautas, vi cómo una figura —conocida por referencias— hendió el cielo montada en veloz escoba. Giró muchas veces para descender en espiral concéntrica hasta mi terraza-observatorio. . .

Me dijo que se sentía sola y calumniada; buscaba amistad, comunicación y solidaridad. . . "Yo fui una **hermosa** hada. . ." —siguió contando.

ROBERTO BAÑUELAS
en *El libro de la imaginación*

Escribe tres veces la palabra en negritas.

_____   _____   _____

OBSERVA:

hermano   hermenéutica   hermosear

¿Qué tienen en común la palabra de la lectura y las que acabas de leer?

_____

Subraya ahora la sílaba inicial de las siguientes palabras:

hernia   Hernán   Hernández

Comienzan con la sílaba _____.

(Comprobación 98. p. 290)

Podemos entonces decir:

Las palabras que empiezan con **herm** y **hern** se escriben con **h**.
Excepto: **ermita, ermitaño**
               Ernesto, Ernestina

Recuerda que la **h** es una letra que no equivale a ningún fonema; esto es, no tiene sonido en español; es sólo un signo ortográfico.

II. Completa con HERM o HERN.

1. _____afrodita   5. _____iado

2. _____anablemente   6. _____osura

3. _____enéutico   7. _____ético

4. _____inia   8. _____ández

Escribe nuevamente las palabras que acabas de formar.

III. Escribe las excepciones.

Ernesto   ermita   ermitaño

_____   _____   _____

_____   _____   _____

_____   _____   _____

OBSERVA:

histología	**host**ería	**herb**áceo
historia	**host**igar	**herb**olario
holgar	**horr**ible	**hosp**ital
holgadamente	**horr**orizar	**hosp**icio

Las palabras que empiezan con **hist, host, herb, holg, horr** y **hosp** se escriben con **h**. Excepciones importantes:
istmo, ostra, ostión, Olga y derivados.

IV. Completa con HIST, HOST, HERB, HOLG, HORR u HOSP.

1. ____ia   6. ____ipilante   11. ____ólogo   16. ____ilizar

2. ____edar   7. ____eria   12. ____oso   17. ____rión

3. ____azón   8. ____il   13. ____azanear   18. ____or

4. ____ario   9. ____italario   14. ____oroso   19. ____ura

5. ____italizar   10. ____oriador   15. ____iciano   20. ____érico

Vuelve a escribir las palabras que acabas de formar.

V. Lee.

a) hidratar   *b)* hidroavión
   hidráulico   hidrocefalia

Las palabras del grupo a) empiezan con _____ y, las del b), con _____ .

Busca en tu diccionario el significado de **hidro** (o **hidr**).

_____

(Comprobación 99. p. 290)

Podemos decir que:

> Todas las palabras que empiezan con **hidro** o **hidr** (= agua) se escriben con **h**.

VI. Completa con HIDRO o HIDR. Recuerda que debes buscar en tu diccionario el significado de las palabras que no conozcas.

1. _____atación   5. _____ácido

2. _____carburo   6. _____geno

3. _____áulica   7. _____pesía

4. _____metro   8. _____terapia

Vuelve a escribir las palabras que acabas de formar.

OBSERVA:

      humildad   humano   humareda

Subraya las tres primeras letras de estas palabras.

VII. Escribe tres palabras de la misma familia.

1. humo   _____   _____   _____

2. humano   _____   _____   _____

3. humedad   _____   _____   _____

4. humildad _____   _____   _____

5. humillar _____   _____   _____

Vuelve a escribir las palabras que acabas de formar. Ya habrás advertido que:

> Las palabras que empiezan con **hum** se escriben con **h**. Excepto:
>
> **umbilical, umbral** y **umbrío**

Practica las excepciones.

VIII. Lee con atención.

(74) DIÓGENES Y EL CALVO

El filósofo cínico Diógenes, insultado por un hombre calvo, le replicó:

—No he de ser yo quien recurra también al insulto, ¡Dios me libre de ello! Al contrario, haré el elogio de los cabellos que han abandonado un cráneo malvado y **hueco**.

ESOPO
en *El libro de la imaginación*

Localiza en tu diccionario seis palabras que empiecen con las tres primeras letras de la palabra que está en negritas.

_____   _____   _____

_____   _____   _____

Observa ahora las siguientes palabras.

| hielo | huango | huir |
| hierba | huarache | huidizo |

Subraya las tres primeras letras de estas palabras. Decimos entonces:

Todas las palabras que empiezan con _____ , _____ , _____ , _____ se escriben con **h**.

(Comprobación 100. p. 290)

IX. **Completa con HIE, HUA, HUE o HUI, según corresponda.**

1. ____dra   6. ____rfano   11. ____vo
2. ____da   7. ____rro   12. ____le
3. ____ve   8. ____na   13. ____tusco
4. ____lga   9. ____steco   14. ____sped
5. ____lla   10. ____rta   15. ____so

Vuelve a escribir las palabras que acabas de formar.

X. Lee.

| hipocondriaco | hipódromo | hipocampo |
| hipopótamo | hipertenso | hipotenusa |

Subraya las tres primeras letras de las palabras que acabas de leer. Decimos, entonces:

Las palabras que empiezan con **hip** se escriben con **h**.

Hay pocas excepciones. Busca cada una de ellas en el diccionario y escribe su significado.

ipecacuana _____

_____

ipil _____

_____

ípsilon _____

_____

ipso facto _____

_____

XI. Escribe tres palabras de la misma familia.

hipnotizar _____ _____ _____

hipocondría _____ _____ _____

hipócrita _____ _____ _____

hipsometría _____ _____ _____

XII. Escribe cinco palabras que empiecen como se indica.

hiper	hipo	hir	his
_____	_____	_____	_____
_____	_____	_____	_____
_____	_____	_____	_____
_____	_____	_____	_____
_____	_____	_____	_____

Ya habrás notado que:

Las palabras que comienzan con **hiper, hipo, hir** o **his** se escriben con **h**.

ATENCION: ira, ironía, iris, iraní, iraquí, Irma, Irene, Irlanda, etc.

XIII. Lee.

hexágono   **hepta**gonal   **hecto**gramo
hexasílabo   **heptá**metro   **hecto**litro

Busca en tu diccionario el significado de

hexa_____, hepta_____, hecto_____.

(Comprobación 101. p. 290)

Las palabras que empiezan con **hexa, hepta** y **hecto** (cuando significan seis, siete y cien), se escriben con **h.**

Es difícil equivocarse con **hepta** y **hecto**, porque son raras las palabras que empiezan con **ecto**; y con **epta**, no hay. Así que en estos dos casos podemos hacer una regla general,

En cambio, sí hay muchas palabras que empiezan con **exa** aunque, claro está, no significa **seis.**

XIV. Escribe tres palabras de la misma familia.

examen   _____   _____   _____

exasperar   _____   _____   _____

exagerar   _____   _____   _____

exaltar   _____   _____   _____

XV. Completa las siguientes palabras anteponiendo HEPTA o HECTO, según se indica. Busca su significado en el diccionario y anótalo a continuación.

hepta

_____edro   _____

_____gonal   _____

_____metro   _____

_____sílabo   _____

hecto

_____grafo   _____

_____gramo   _____

_____litro   _____

_____metro   _____

Vuelve a escribir las palabras que acabas de formar.

XVI. Completa con HEXA (seis) o EXA.

1. _____nime   2. _____ geración   3. _____sílabo

4. _____sperado   7. _____ngulo   10. _____gono

5. _____podo   8. _____ltado   11. _____zar

6. _____menes   9. _____ctameiite 12. _____edro

Vuelve a escribir las palabras que acabas de formar.

OBSERVA:

heterodoxo   **homó**fono   **higro**metría
heteróclito   **homó**logo   **higro**scopía

Se usa **h** con las palabras que empiezan con **hetero** (= diferente), **homo** (= igual) e **higro** (= húmedo).

ATENCIÓN:

Omóplato (otro significado) éter, etéreo son ligeramente diferentes; hay que tener cuidado para no confundirlas.

XVII. **Escribe tres veces y da el significado de las siguientes palabras.**

1. homofonía _____ _____ _____

2. homogéneo _____ _____ _____

3. homónimo _____ _____ _____

4. heteróclito _____ _____ _____

5. heterodoxo _____ _____ _____

6. heterogéneo _____ _____ _____

7. higrometría _____ _____ _____

8. higrométrico _____ _____ _____

9. higroscopía _____ _____ _____

XVIII. Lee con atención.

hemorragia   hematófago   hematosis

Busca en tu diccionario el significado de las palabras que acabas de leer. Todas ellas empiezan con la partícula **hem**, que significa _____ .

Todas las palabras que empiezan con **hem** (sangre) se escriben con **h**.

ATENCIÓN: Hay muchas palabras que empiezan con **em** que no están relacionadas con la regla anterior.

emoción   **embarazo**   **emigrar**   **embarcadero**

XIX. Completa con HEM o EM. Usa tu diccionario.

1. ____oglobina   6. ____opatía   11. ____plomar

2. ____palagar   7. ____baucar   12. ____ostasis

3. ____peño   8. ____balsamado   13. ____pedrado

4. ____ostático   9. ____optisis   14. ____anar

5. ____brujar   10. ____isario   15. ____atoma

Vuelve a escribir las palabras que acabas de formar.

RECUERDA: Debes buscar en el diccionario todas las palabras que no conozcas; incluso aquéllas de las que no estés completamente seguro.

Hay muchas palabras que llevan **h** inicial y no siguen ninguna regla.

XX. Vamos a practicar algunas.

haba   **hábil**   **hábito**   **hacienda**

_____ _____ _____ _____

_____ _____ _____ _____

_____ _____ _____ _____

_____ _____ _____ _____

hacha   **hada**   **halcón**   **hallazgo**

_____ _____ _____ _____

_____ _____ _____ _____

_____ _____ _____ _____

_____ _____ _____ _____

hampa

---

hambre

---

haragán

---

harina

---

hastío

---

hazaña

---

hebilla

---

hebra

---

hebreo

---

hechicero

---

helado

---

helecho

---

hélice

---

henequén

---

hepatitis

---

heredero

---

héroe

---

herradura

---

herrero

---

hervido

---

hígado

_____
_____
_____
_____
_____

higiene

_____
_____
_____
_____
_____

higo

_____
_____
_____
_____
_____

hijo

_____
_____
_____
_____
_____

hilo

_____
_____
_____
_____

himno

_____
_____
_____
_____

hinchado

_____
_____
_____
_____

hiriente

_____
_____
_____
_____

hocico

_____
_____
_____
_____

hoguera

_____
_____
_____
_____

hoja

_____
_____
_____
_____

hombre

_____
_____
_____
_____

homenaje

_____
_____
_____

homeopatía

_____
_____
_____

hondo

_____
_____
_____

honor

_____
_____
_____

honrado

_____
_____
_____
_____
_____

hora

_____
_____
_____
_____
_____

horca

_____
_____
_____
_____
_____

hormiga

_____
_____
_____
_____
_____

horno	horquilla	hortaliza	hoyo
_____	_____	_____	_____
_____	_____	_____	_____
_____	_____	_____	_____
_____	_____	_____	_____
_____	_____	_____	_____

hule	húngaro	huracán	hurto
_____	_____	_____	_____
_____	_____	_____	_____
_____	_____	_____	_____
_____	_____	_____	_____
_____	_____	_____	_____

OBSERVA:

ahorrar   bahía   prohibir   vehículo

Ya habrás advertido que la **h** no es sólo una letra inicial; puede también ir en medio de la palabra. La **h** intermedia tiene pocas reglas.

XXI. Escribe.

aldehuela	parihuela	vihuela
_____	_____	_____
_____	_____	_____
_____	_____	_____

> Cuando la terminación **uela** va precedida de vocal, se usa una **h** intermedia.

XXII. Lee.

mohíno   zaherir
moho   zahúrda

Subraya la primera sílaba de estas palabras. Decimos entonces:

> Después de **mo** y **za,** si a continuación va una vocal, se usa una **h** intermedia.

XXIII. Escribe.

enmohecer _____ _____ _____

mohín _____ _____ _____

mohoso _____ _____ _____

zaheridor _____ _____ _____

zahondar _____ _____ _____

zahón _____ _____ _____

Busca en el diccionario las palabras que acabas de escribir.

XXIV. Vamos ahora a practicar otras palabras con H intermedia que no siguen ninguna regla.

adherir   **ahí**   **ahijado**   **ahínco**

_____   _____   _____   _____

_____   _____   _____   _____

_____   _____   _____   _____

ahito   **ahogar**   **ahondar**   **ahora**

_____   _____   _____   _____

_____   _____   _____   _____

_____   _____   _____   _____

ahorcar   **ahuyentar**   **albahaca**   **alcohol**

_____   _____   _____   _____

_____   _____   _____   _____

_____   _____   _____   _____

alhaja

_____
_____
_____
_____
_____

alhelí

_____
_____
_____
_____
_____

almohada

_____
_____
_____
_____
_____

azahar

_____
_____
_____
_____
_____

búho

_____
_____
_____
_____
_____

coherente

_____
_____
_____
_____
_____

cohete

_____
_____
_____
_____
_____

cohibir

_____
_____
_____
_____
_____

dehesa

_____
_____
_____
_____
_____

deshaucio

_____
_____
_____
_____
_____

exhalar

_____
_____
_____
_____
_____

exhaustivo

_____
_____
_____
_____
_____

exhibir

_____
_____
_____
_____

exhortar

_____
_____
_____
_____

exhumar

_____
_____
_____
_____

inherente

_____
_____
_____
_____

Jehová

_____
_____
_____
_____
_____

Mahoma

_____
_____
_____
_____
_____

rehén

_____
_____
_____
_____
_____

Sahara

_____
_____
_____
_____
_____

vahído	vaho	vehemente	zanahoria
_____	_____	_____	_____
_____	_____	_____	_____
_____	_____	_____	_____
_____	_____	_____	_____
_____	_____	_____	_____

XXV. Lee con atención y relaciona con una línea los dos grupos de palabras.

Ej. hule   malhablado
    hebra   deshilar
    hablar   ahorcado
    hilo   deshonrar
    humor   enhebrar
    horca   ahulado
    honra   malhumorar

Ya habrás notado que la **h** intermedia de las palabras que están a la derecha se debe a que son formas compuestas por palabras que llevan una **h** inicial y alguna partícula, como **mal, bien, a, en, des,** etc.

ASÍ:

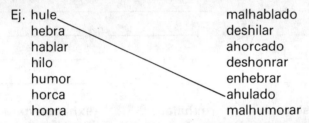

De hebra   deshebrar — deshebrado
              enhebrar — enhebrado

XXVI. Forma palabras compuestas a partir de las siguientes. Recuerda que deben llevar una H intermedia.

1. harina   _____   7. honra   _____
2. hilo   _____   8. hijo   _____
3. hidratado _____   9. hipoteca _____
4. hondo   _____   10. hueco   _____
5. herido   _____   11. honesto   _____
6. humo   _____   12. humano   _____

Vuelve a escribir las palabras que acabas de formar.

XXVII. Escribe.

bienhablado   _____   _____   _____

malhablado   _____   _____   _____

bienhechor   _____ _____ _____

malhechor   _____ _____ _____

malhumor   _____ _____ _____

malhumorado   _____ _____ _____

ATENCIÓN: Las palabras que acabas de escribir se forman con **bien** o **mal**.

OBSERVA:

¡Ah!   ¡Bah!

También existe la **h** final. Es la última letra de algunas interjecciones.

XXVIII. Escribe.

¡ah!   ¡eh!   ¡oh!   ¡bah!

_____ _____ _____ _____

_____ _____ _____ _____

_____ _____ _____ _____

_____ _____ _____ _____

En otros casos las interjecciones llevan la **h** al principio.

¡hola!   _____ _____ _____ _____

¡huy!   _____ _____ _____ _____

La interjección *¡ay!* no lleva *h.*

¡ay!   _____ _____ _____ _____

XXIX. Escribe en las líneas correspondientes las palabras de la lista relacionadas con cada una de las de la izquierda.

hueso   _____   ovario

   _____   orfanatorio

   _____   óseo

   _____   ovalado

huevo   _____   osario

   _____   óvalo

   _____   osamenta

   _____   orfanato

huérfano   _____   osificar

   _____   ovoide

Ya habrás advertido que, a pesar de ser de la misma familia, las tres palabras de la izquierda llevan **h** y las otras no. Esto se debe a que estas tres palabras empiezan con **hue**. Escribe otra vez todas las palabras que acabas de estudiar.

VERBOS CON H

XXX. **Lee.**

(75) DON

Un hada le **había** concedido el don de abrir cualquier diccionario justamente en la página donde se **hallaba** la palabra buscada.

JULIO TORRI
en *El libro de la imaginación*

Vuelve a escribir las palabras en negritas.

_____   _____

(   )   (   )

En los paréntesis, escribe los infinitivos correspondientes.

Los verbos **haber** y **hallar** (*hallarse*) se escriben siempre con **h** en todas sus formas y personas.

RECUERDA: Estos dos verbos tienen un problema ortográfico muy especial: la *ll* y la *y* en algunas de sus formas. Esto causa errores ortográficos frecuentemente. Estúdialos con cuidado.

haber

Indicativo		Subjuntivo	
Presente	*Pretérito*	*Presente*	*Pretérito*
he_____	hube_____	haya_____	hubiera_____
_____	_____	_____	_____
_____	_____	_____	_____
_____	_____	_____	_____
_____	_____	_____	_____

hallar

hallo	hallé	halle	hallara

Conjuga los dos verbos que acabas de estudiar en todos sus tiempos y personas. Recuerda que es frecuente confundir su ortografía.

El verbo **haber** es un verbo auxiliar. Con él se forman los tiempos compuestos de todos los verbos. (he cantado, hube cantado, había cantado, etc.).

XXXI. Conjuga los siguientes verbos en el antepresente, antecopretérito y antepospretérito de indicativo.

habitar

Antepresente	*Antecopretérito*	*Antepospretérito*
he habitado	había habitado	habría habitado

huir

hervir

_____   _____   _____
_____   _____   _____
_____   _____   _____
_____   _____   _____
_____   _____   _____

hostigar

_____   _____   _____
_____   _____   _____
_____   _____   _____
_____   _____   _____

hundir

_____   _____   _____
_____   _____   _____
_____   _____   _____
_____   _____   _____

XXXII. Lee con atención.

Hago la tarea en las tardes.
Haz un poco de ejercicio todos los días.
Hacen el trabajo de mala manera.
Hizo frío anoche.

Subraya el verbo de las oraciones que acabas de leer.

Escribe el infinitivo correspondiente _____

Todas las formas del verbo **hacer** se escriben con **h**.

Conjuga en tu cuaderno el verbo **hacer** en todos sus tiempos y personas.

ATENCIÓN:

hacer
— rehacer
— deshacer

Al igual que otras palabras que ya has estudiado, los verbos tienen también formas compuestas.

XXXIII. Forma un compuesto a partir de los siguientes verbos.

1. habilitar _____   5. honrar _____
2. habitar _____   6. huir _____
3. heredar _____   7. humanizar _____
4. hidratar _____   8. herir _____

Vuelve a escribir las palabras que acabas de formar.

XXXIV. Forma un verbo de la misma familia de los siguientes sustantivos.

hebra _____   hueco _____

harina _____   hueso _____

humo _____   hondura _____

Vuelve a escribir las palabras que acabas de formar.

EJERCICIOS DE COMPROBACIÓN.

XXXV. En los siguientes textos se han suprimido las HACHES. Agrégalas.

(76)   Una vez, ace ya mucho tiempo, estábamos todos en Chactajal. Tus abuelos recogieron a una uérfana a la que daban trato de ija. Se llamaba Angélica.(. . .) una mañana amaneció la novedad de que el dzulúm andaba rondando en los términos de la acienda. Las señales eran los estragos que dejaba dondequiera y un terror que abía secado las ubres de todos los animales que estaban criando. Angélica lo supo.(. . .) Desde entonces ya no tuvo sosiego. La labor se le caía de las manos. Perdió su alegría y andaba buscándola por los rincones. Se levantaba a desora, a beber agua serenada porque ardía de sed. Tu abuelo pensó que estaba enferma y trajo el mejor curandero de la comarca. El curandero llegó y pidió ablar a solas con ella. Quién sabe qué cosas se dirían. Pero el ombre salió espantado y esa misma noche regresó a su casa, sin despedirse de ninguno. Angélica se iba consumiendo como el pabilo de las velas.

. . . .

El viento del amanecer desgarra la neblina del llano. Suben, se dispersan los jirones rotos mientras, silenciosamente, va desnudándose la gran extensión que avanza en ierba úmeda, en árboles retorcidos y solos, asta donde se yergue el torso de la montaña, asta donde espejea el río Jataté.

En el centro del llano está la casa grande, construcción sólida, de muros gruesos, capaces de resistir el asalto. Las abitaciones están dispuestas en ilera como por un arquitecto no muy ábil.

. . . .

Les abría echo un favor. Las indias eran más codiciadas después. Podían casarse a su gusto. El indio siempre veía en la mujer la virtud que le abía gustado al patrón y los ijos eran de los que se apegaban a la casa grande y de los que servían con fidelidad.

. . . .

Fue a sacar una botella de aguardiente y dijo al destaparla: —Los que bebamos aora será en señal de compromiso.

Todos bebieron. El alcool fuerte removió el frenesí en el pecho de cada uno.

. . . .

En su dialecto, frecuentemente entreverado de palabras españolas, se quejaban del ambre, de la enfermedad, de las asechanzas armadas por los brujos.(. . .) Y se ubiera creído que eran sollozos los espasmos repentinos que sacudían el pecho de aquellas mujeres. . .

ROSARIO CASTELLANOS
Balún-Canán

(Comprobación 102. p. 290)

(77) ¿ES PECADO EL TRABAJO?

Es un pensamiento que siempre me a preocupado, ijo, porque siempre e temido caer en la erejía.

Yo pienso que el amor al trabajo, ijo mío, no el trabajo, es un grave pecado y en esa idea procuré educarte.

El ombre no fue creado para trabajar sino para olgar y no comer del árbol proibido. Sólo cuando pecó y fue expulsado del Paraíso, se encontró con que tenía que ganarse el pan con el sudor de su frente.

No amemos las maldiciones de Jeová. No caigamos en la blasfemia.

CAMILO JOSÉ CELA
Mrs Caldwell habla con su hijo

(Comprobación 103. p. 291)

─────────────── HOMÓFONOS CON **H**-SIN **H**

XXXVI. Busca en tu diccionario el significado de las siguientes voces homófonas. **(CUANDO SE TRATE DE UNA FORMA VERBAL (vb), ANOTA SÓLO EL INFINITIVO).**

1. a _____

    ha (vb) _____

    ¡ah! _____

2. ablando (vb) _____

    hablando (vb) _____

3. abría (vb) _____

    habría (vb) _____

4. aprender _____

    aprehender _____

5. aremos (vb) _____

    haremos (vb) _____

6. arte _____

    harte (vb) _____

7. as _____

    haz _____

    has (vb) _____

    haz (vb) _____

8. asta _____

    hasta _____

9. Asia _____

    hacia _____

10. atajo _____

    atajo (vb) _____

    hatajo _____

11. ato (vb) _____

    hato _____

12. ¡ay! _____

    hay (vb) _____

13. aya _____

    Haya _____

    haya (vb) _____

14. azar _____

    azahar _____

15. e _____

    he (vb) _____

    ¡eh! _____

16. echo (vb) _____

    hecho (vb) _____

17. errar _____

    herrar _____

18. hierro _____

    yerro _____

    yerro (vb) _____

19. inca _____

    hinca (vb) _____

20. izo (vb) _____

    hizo (vb) _____

21. o _____

    ¡oh! _____

22. ojear _____

    hojear _____

23. ola _____

    ¡hola! _____

24. onda _____

    honda _____

25. ora (vb) _____

    hora _____

26. uno _____

    huno _____

27. uso _____

    huso _____

XXXVII. Agrega los acentos y signos de puntuación que se han omitido en los textos siguientes.

Tienes que poner: *20* acentos   *12* punto y seguido   *4* punto y aparte
1 punto final   *12* comas

(78)   Fue un momento de quietud perfecta El caballo con la cabeza inclinada abatia perezosamente los parpados En los potreros se enroscaban las reses a rumiar la abundancia de su alimento En la punta de un arbol plego su amenaza el gavilan

Y el silencio tambien Un silencio como de muchas cigarras ebrias de su canto Como de remotos pastizales mecidos por la brisa Como de un balido uno solo de recental en busca de su madre

Y entonces fue cuando broto entre el monton de bagazo la primera llamarada Y entonces se supo que toda aquella belleza inmovil no era mas que para que el fuego la devorara

El fuego anuncio su presencia con el alarido de una fiera salvaje Los que estaban mas proximos se sobresaltaron Las mulas pararon sus orejas tratando de ubicar el peligro El caballo de Cesar relincho Y Cesar pasado el primer momento de confusion empezo a gritar ordenes en tzeltal

Los indios se movieron presurosamente pero no para obedecer sino para huir Atras esparcidas en desorden quedaron sus pertenencias

*   *   *

9 acentos   *3* punto y seguido   *1* punto y aparte   *1* punto final   *12* comas

Resistieron mientras Cesar estuvo atras tapandoles la salida Pero cuando el caballo ya no obedecio las riendas y traspuso galopando los potreros entonces los indios con las manos ceñidas al cuello como para ayudar la tarea de la asfixia llorando ciegos huyeron tambien

Nadie se acordo de desatar a las dos mulas que trotaban desesperadamente y siempre en circulo alrededor del trapiche El aire sollamado les chicoteaba las ancas Y aquel olor irrespirable de jugo de caña que se combustiona las hacia toser torpemente ahogandolas

*   *   *

10 acentos   *3* punto y seguido   *2* punto y aparte   *1* punto final   *17* comas

Las vacas de vientres cargados los bueyes con la lentitud de su condición se desplazaban dejando en el barro chicloso la huella de su pezuña hendida Y el fuego venia detras borrando aquella huella

Los otros los que podian escapar con su ligereza se despeñaron en los barrancos y alli se quedaron con los huesos rotos gimiendo hasta que el fuego tambien bajo a la hondura y se posesiono de ella

Los que pudieron llegar a los aguajes se lanzaron al rio y nadaron corriente abajo Muchas reses se salvaron Otras cogidas en los remolinos golpeadas contra las piedras vencidas por la fatiga fueron vistas pasar por otros hombres en otras playas hinchadas de agua rigidas picoteadas al vuelo por los zopilotes.

ROSARIO CASTELLANOS
Balún-Canán

(Comprobación 104. p. 291)

I. Lee con atención.

(79) A LA DERIVA

El hombre pisó **algo** blanduzco, y en **seguida** sintió la mordedura en el pie. Saltó adelante, y al volverse, con un juramento, vio a una yararacusú que, arrollada sobre sí misma, esperaba otro ataque.

El hombre echó una veloz ojeada a su pie, donde dos **gotitas** de sangre engrosaban dificultosamente, y sacó el machete de la cintura. La víbora vio la amenaza y hundió más la cabeza en el centro mismo de su espiral; pero el machete cayó de plano, dislocándole las vértebras.

El hombre se bajó hasta la mordedura, quitó las **gotitas** de sangre y durante un instante contempló. Un dolor **agudo** nacía de los dos puntitos violeta y comenzaba a invadir todo el pie. Apresuradamente se **ligó** el tobillo con su pañuelo y **siguió** por la picada hacia su rancho.

. . . .

Los dos puntitos violetas desaparecían ahora en una monstruosa hinchazón del pie entero. La piel parecía **adelgazada** y a punto de ceder, de tensa. Quiso llamar a su mujer, y la voz se quebró en un ronco arrastre de **garganta** reseca. La sed lo devoraba.

. . . .

Los dolores **fulgurantes** se sucedían en continuos **relampagueos** y **llegaban** ahora hasta la ingle. La atroz sequedad de **garganta** que el aliento parecía caldear más, aumentaba a la par.

HORACIO QUIROGA
Cuentos

Clasifica las palabras en negritas. Para hacerlo debes tomar en cuenta las sílabas ga, gue, gui, go, gu, en cualquier posición que se encuentren dentro de la palabra.

ga	gue	gui	go	gu
___	___	___	___	___
___		___	___	___
___			___	
___			___	

RECUERDA: La letra **g** corresponde a dos fonemas:

La letra **g** corresponde al fonema [g] antes de *a, o, u.*

gato   **go**ta   **gu**sano

Para obtener los sonidos [ge] y [gi] se necesita una **u.**

guerra   **Á**g**ueda**   **gui**sar   á**gui**la

Podemos entonces decir:

> La letra **g** corresponde al fonema [g] antes de **a, o, u.** Los sonidos [ge], [gi] se obtienen agregando una **u** después de la **g.**
>
> ga   gue   gui   go   gu

II. Completa con G o GU, según convenga.

1. ____ía
2. ____utural
3. ma____ey
4. ____illotina
5. ____otera
6. ____usano
7. ____errillero
8. ____ionista
9. ____olpe
10. ____itarra
11. ____arrafón
12. ____inda
13. se____ido
14. ____orra
15. a____asajo
16. se____eta
17. ma____llar
18. a____ado
19. ____illermo
20. para____as

Vuelve a escribir las palabras que acabas de formar.

> *RECUERDA:* gue gui = [ge] [gi]. Siempre se necesita la *u* para obtener los sonidos [ge] [gi].

III. Relaciona con una línea.

genio	agujero
gala	malgeniudo
guerra	enganchar
agua	desaguar
aguja	desgobernar
gobierno	aguerrido
gancho	engalanar

RECUERDA: Los compuestos y derivados conservan la ortografía original.

ATENCIÓN:

pin**güi**no   **güe**ro   a**güi**sta   a**güe**ro

Las diéresis (¨) sobre la **u** de los grupos **güe, güi,** sirven para indicar que la **u** debe pronunciarse.

IV. Agrega diéresis donde haga falta.

1. guisante
2. paraguero
3. guedeja
4. deguello
5. guirnalda
6. antiguo
7. guerrero
8. unguento
9. lengua

V. Lee con atención.

gente	ángel	giro	Regina
jefe	traje	jirafa	cajita

Subraya las sílabas en las que aparecen los sonidos [je] o [ji].

Ya habrás advertido que el sonido [j] antes de *e* o *i* se puede representar con dos letras diferentes: **j** o **g**. Esta es la razón por la cual hay problemas ortográficos con estas dos letras. Vamos entonces a estudiar ahora los usos de la **g** antes de **e** o **i**.

OBSERVA:

geografía   geofísica   geología

Estas palabras empiezan con _____ .
Busca en tu diccionario el significado de cada una.

_____

_____

_____

La partícula **geo** significa _____ .

(Comprobación 105. p. 292)

> Las palabras que empiezan con **geo** (tierra), se escriben con *g*.

VI. Completa con GEO.

1. ____céntrico
2. ____fago
3. ____desia
4. ____gráfico
5. ____ide
6. ____metría
7. ____morfía
8. ____política
9. ____rama

Vuelve a escribir las palabras que acabas de formar.

Busca en tu diccionario el significado de cada una de estas palabras y escríbelo en tu cuaderno.

OBSERVA:

gesto   gestionar   gestor   gestudo

Subraya las primeras cuatro letras de estas palabras.

> Las palabras que empiezan con **gest** se escriben con **g**.

VII. Completa con GEST.

1. ____a   3. ____ar   5. ____ionar

2. ____ación   4. ____icular   6. ____oría

Vuelve a escribir estas palabras.

OBSERVA:

álgebra	**an**gina	**Ar**gelia
álgido	**an**gelical	**ar**gentino

Subraya la primera sílaba de las palabras que acabas de leer.

Después de **al, an** y **ar** se escribe **g**. Excepciones: **aljibe, aljerife** y otras palabras de uso menos frecuente, también de origen árabe.

VIII. Completa con ALG, ANG o ARG, según convenga.

1. ____entina   3. ____ebraico   5. ____elino

2. ____idez   4. ____el   6. ____entinismo

Vuelve a escribir las palabras que acabas de formar.

OBSERVA:

legión	**legis**lar
legible	**legis**lador

Las palabras que empiezan con **legi** o **legis** se escriben con **g**. Excepciones:

lejía	**lejísimos**	**lejitos**

IX. Completa con LEGI o LEGIS.

1. ____latura   3. ____timo   5. ____timidad

2. ____onario   4. ____lación   6. ____lativo

Vuelve a escribir las palabras que acabas de formar.

X. Lee.

a**gen**cia	ori**gen**	inteli**gen**te	le**gen**dario
gendarme	**gen**ealogía	**gen**eral	**gen**til

Subraya la *g* y las dos letras que están a continuación. Escríbelas ____.

¿Aparece siempre a principio de palabra? _____

(Comprobación 106. p. 292)

Podemos decir:

El grupo **gen** —a principio, en medio o al final de la palabra— *generalmente* se escribe con **g**.
Excepciones:

ajenjo, comején, ajeno, berenjena, avejentar, jengibre, enajenar.

ATENCIÓN:

Jenaro	o	Genaro
jenízaro	o	genízaro

Practica en tu cuaderno las excepciones.

(Dentro de esta regla no consideramos las terminaciones de los verbos terminados en **jar** (arrojar, arrojen) o en **jer** (tejer, tejen). Estos verbos los estudiaremos en su oportunidad: VERBOS CON **J**).

XI. Completa con GEN.

1. ____tilicio

2. vir____

3. oxí____o

4. ____esis

5. ____erosidad

6. exi____cia

7. ____uflexión

8. ima____

9. tan____te

10. ____tileza

11. vi____cia

12. mar____

Vuelve a escribir las palabras que acabas de formar.

XII. Escribe la terminación de las palabras siguientes, de acuerdo con lo que se indica y vuélvelas a escribir.

ginoso

olea _____ _____

ferru _____ _____

gismo

silo _____ _____

neolo _____ _____

gía

ener _____ _____

analo _____ _____

ideolo _____ _____

cronolo _____ _____

etimolo _____ _____

antolo _____ _____

biolo _____ _____

geolo _____ _____

zoolo _____ _____

pedago _____ _____

astrolo _____ _____

teolo _____ _____

or	___	___	mitolo	___ ___
ecolo	___	___	patolo	___ ___
apolo	___	___	fisiolo	___ ___

EXCEPCIONES

aguajinoso ___ ___ ___

espejismo ___ ___ ___

salvajismo ___ ___ ___

apoplejía ___ ___ ___

bujía ___ ___ ___

canonjía ___ ___ ___

crujía ___ ___ ___

herejía ___ ___ ___

Mejía ___ ___ ___

lejía ___ ___ ___

hemiplejia   o   hemiplejía

___ ___

___ ___

Podemos decir que:

> La mayoría de las palabras terminadas en **ginoso, gismo** y **gía** se escriben con **g**.

XIII. Completa las palabras siguientes y vuélvelas a escribir.

gia

hemorra ___	___	aler ___	___
lo ___	___	litur ___	___
estrate ___	___	ma ___	___
neural ___	___	egre ___	___
nostal ___	___	demago ___	___

gio

liti ___	___	conta ___	___
sufra ___	___	cole ___	___

sortile _____   _____   prodi _____   _____

privile _____   _____   vesti _____   _____

arpe _____   _____   re _____   _____

subterfu ____   _____   ada _____   _____

refu _____   _____   presti _____   _____

elo _____   _____   Eulo _____   _____

Las palabras terminadas en **gia, gio** se escriben con **g**.

XIV. Escribe las siguientes palabras. Observa sus terminaciones.

ang**élico**   evang**élico**   indí**gena**

_____   _____   _____

_____   _____   _____

_____   _____   _____

_____   _____   _____

nona**genario**   sexa**genario**   septua**genario**

_____   _____   _____

_____   _____   _____

_____   _____   _____

_____   _____   _____

hetero**géneo**   homo**géneo**   foto**génico**

_____   _____   _____

_____   _____   _____

_____   _____   _____

_____   _____   _____

haló**geno**   pató**geno**   oxí**geno**

_____   _____   _____

_____   _____   _____

_____   _____   _____

_____   _____   _____

genio

ingenio

Eugenio

congénito

primogénito

analgésico

vigésimo

trigésimo

cuadragésimo

energético

apologético

higiénico

marginal

original

virginal

legión

región

prodigioso

contagioso

lógica

metodológica

astroló**gico**	patoló**gico**	nostál**gico**
_____	_____	_____
_____	_____	_____
_____	_____	_____
_____	_____	_____

EXCEPTO:

paradójico   _____   _____   _____

hemipléjico   _____   _____   _____

Haz una lista con las terminaciones anteriores y recuerda que se escriben con *g*.

_____	_____	_____	_____	_____
_____	_____	_____	_____	_____
_____	_____	_____	_____	_____

—————————————————————————————— **VERBOS CON G**

XV. Lee.

elogiábamos	desprestigian	exageras
elogiarais	desprestigiabas	exagerando
elogié	desprestigió	exageró
elogien	desprestigiaran	exagerado
( )	( )	( )

Escribe los infinitivos de los verbos que acabas de leer.

> Todas las formas y personas de los verbos terminados en **giar** y **gerar** conservan la **g** del infinitivo.

XVI. Conjuga los siguientes verbos en los tiempos que se indica.
contagiar

Indicativo			**Subjuntivo**	
Presente	*Futuro*	*Pretérito*		
contagio	contagiaré	contagiara	o	contagiase
_____	_____	_____		_____
_____	_____	_____		_____
_____	_____	_____		_____
_____	_____	_____		_____
_____	_____	_____		_____

presagiar

_____   _____   _____   o   _____

_____   _____   _____   _____

_____   _____   _____   _____

_____   _____   _____   _____

_____   _____   _____   _____

_____   _____   _____   _____

desprestigiar

_____   _____   _____   o   _____

_____   _____   _____   _____

_____   _____   _____   _____

_____   _____   _____   _____

_____   _____   _____   _____

refugiar

_____   _____   _____   o   _____

_____   _____   _____   _____

_____   _____   _____   _____

_____   _____   _____   _____

_____   _____   _____   _____

exagerar

_____   _____   _____   o   _____

_____   _____   _____   _____

_____   _____   _____   _____

_____   _____   _____   _____

_____   _____   _____   _____

_____   _____   _____   _____

aligerar

			o	
___	___	___		___
___	___	___		___
___	___	___		___
___	___	___		___
___	___	___		___
___	___	___		___

refrigerar

			o	
___	___	___		___
___	___	___		___
___	___	___		___
___	___	___		___
___	___	___		___
___	___	___		___

XVII. Observa con atención.

recoger

Indicativo

Presente	*Pretérito*	*Copretérito*	*Pospretérito*
recojo	recogí	recogía	recogería
recoges	recogiste	recogías	recogerías
recoge	recogió	recogía	recogería
recogemos	recogimos	recogíamos	recogeríamos
recogéis	recogisteis	recogíais	recogeríais
recogen	recogieron	recogían	recogerían

Futuro   *Gerundio:* recogiendo

recogeré
recogerás   *Participio pasado:* recogido
recogerá
recogeremos
recogeréis
recogerán

Subjuntivo

presente   *Pretérito*

presente	Pretérito		
recoja	recogiera	o	recogiese
recojas	recogieras		recogieses
recoja	recogiera		recogiese
recojamos	recogiéramos		recogiésemos
recojáis	recogierais		recogieseis
recojan	recogieran		recogiesen

Ya habrás advertido la presencia de la **j** en la 1a. pers. del presente de indicativo y en todas las del presente de subjuntivo. ¿Por qué se escriben con **j** si el infinitivo se escribe con *g*?

(Comprobación 107. p. 292)

Esto quiere decir que se hace un cambio necesario para conservar el sonido original del infinitivo.

Así: recoger-recojo-recoja-recojáis, etc.

Podemos decir que:

Los verbos terminados en **ger** y **gir** se escriben con **g**. Recuerda que estos verbos tienen un cambio ortográfico en los presentes. (recojo, recoja)
EXCEPCIONES: **tejer** y **crujir**

XVIII. Conjuga los siguientes verbos en los tiempos que se indica.

	Indicativo		Subjuntivo	
	Presente	*Pretérito*	*Presente*	*Pretérito*
coger				
	_____	_____	_____	_____
	_____	_____	_____	_____
	_____	_____	_____	_____
	_____	_____	_____	_____
	_____	_____	_____	_____
proteger				
	_____	_____	_____	_____
	_____	_____	_____	_____
	_____	_____	_____	_____
	_____	_____	_____	_____
	_____	_____	_____	_____

escoger

dirigir

corregir

elegir

Practica también las excepciones:

tejer

_____ _____ _____ _____

_____ _____ _____ _____

_____ _____ _____ _____

_____ _____ _____ _____

_____ _____ _____ _____

_____ _____ _____ _____

crujir

_____ _____ _____ _____

_____ _____ _____ _____

_____ _____ _____ _____

_____ _____ _____ _____

_____ _____ _____ _____

_____ _____ _____ _____

EJERCICIO DE COMPROBACIÓN

XIX. Completa con G, J, GU o GÜ, según convenga.

1. conse____ir
2. paradó____ico
3. au____rio
4. ____eolo____ía
5. ____isante
6. vi____ésimo
7. ma____ia
8. ver____enza
9. ____esticular
10. a____en____o
11. ____endarme
12. beren____ena
13. foto____énico

14. a____ilucho
15. le____ísimos
16. ____enial
17. anti____edad
18. prose____ir
19. etimoló____ico
20. ci____eña
21. ____eometría
22. ál____ebra
23. le____ía
24. Á____eda
25. ave____entar
26. hemiplé____ico

27. ambi____edad
28. ____eneral
29. ____itarrista
30. ar____entino
31. al____ibe
32. un____ento
33. meteoroló____ico
34. ____errillero
35. ____engibre
36. ____eneralidad
37. mitoló____ico
38. litur____ia
39. te____er

(Comprobación 108. p. 292)

XX. Agrega los acentos y signos de puntuación que se han omitido en el siguiente texto.

> Tienes que poner: *40* acentos *14* punto y seguido *4* punto y aparte *1* punto final *27* comas *1* dos puntos *4* comillas

(80)   Abramos aqui un pequeño parentesis para tratar de explicar lo que significa en Mexico estar bruja

El estar bruja es una condicion permanente de la mayoria de los mexicanos que lo mismo se da en las altas esferas del erario nacional que en las capas de la buena sociedad que en la clase media que en las masas proletarias El estar bruja no significa precisamente ser pobre Se puede vivir en la miseria y no estar bruja Pobre es el que nada tiene y se resigna a vivir sin nada en tanto que el estar bruja es mas bien un estado de animo acompañado de penurias sobresaltos y sofocones pero siempre nutrido por un vago optimismo de que tarde o temprano va a caer algun dinerillo que permitira salir del apuro momentaneo De ahi que el bruja mexicano empeñe sus cosas o pida prestado pues siempre tiene la esperanza de poder redimir sus deudas O sea que el estar bruja es una condicion permanente de creer que se esta pasando por algo transitorio Altamente paradojico desde luego y por lo tanto tipicamente mexicano

Ignoro cual sea el origen de la expresion bruja en el sentido que estamos analizando si bien me inclino a suponer que originalmente tuvo cierta relacion con las artes magicas Es decir que el bruja mexicano se ve en la necesidad de recurrir a determinados sortilegios y hechicerias que van desde el clasico sablazo hasta la consecucion de un empleo de aviador en alguna oficina publica para salvar las apariencias y seguir tirando Este tipo de aeronauta en tierra no tiene que desempeñar ninguna labor especifica y se limita a acudir cada quince dias para firmar la nomina y recoger un cheque por regla general modesto Sin embargo lo benigno del puesto le permite al aviador tener varios empleos

Desde el punto de vista etimologico hay en efecto algo de magia en la habilidad con que los brujas mexicanos logran pagar la renta de su casa mandar los hijos a la escuela comprar un traje nuevo torear acreedores adquirir un automovil y salir de vacaciones una vez al año con ingresos que en otras latitudes apenas bastarian para mantener el alma hilvanada al cuerpo El bruja mexicano en realidad es un hechicero de las finanzas

Un ingles un frances un norteamericano primero ahorra y despues gasta Se ajusta a su presupuesto y vive rigurosamente de acuerdo con el Por eso hay ingleses franceses y norteamericanos pobres o ricos pero nunca brujas El estado de brujez es condicion tipicamente mexicana del que siempre se espera salir mediante dos procedimientos tambien muy mexicanos la loteria o la politica De preferencia esta ultima porque es bastante mas segura

MARCO A. ALMAZÁN
El Rediezcubrimiento de México

(Comprobación 109. p. 292)

18
USOS DE LA J

I. Lee.

(81)   Lilus la exploradora se dedica a mirar a los espectadores. Hay unos que concentran su atención inquieta en la orquesta, y que sufren como si los músicos estuvieran a punto de equivocarse. Ponen cara de grandes conocedores, y con un gesto de la mano, o tarareando en voz bajísima algún **pasaje** conocido, inculcan en los vecinos su gran conocimiento musical.

. . . .

     Lilus está toda güera y toda tostada como un pan recién salido del horno. No es de esas niñas que van a la playa con toallas, palas, baldes, moldecitos y **trajes** para cambiarse, que estropean el **paisaje** marino con todo su equipo de bestezuelas mimadas. Lilus se divierte con lo que encuentra en la playa, cangrejos minúsculos que corren a refugiarse en su agujero, estrellas de mar, agua y arena. . . Y con esas cosas que el mar deja a la orilla, que parecen tan bellas, y que no son más que un trozo de madera esculpido por las olas. . .

ELENA PONIATOWSKA
Lilus Kikus

ATENCIÓN:

La letra **j** equivale al fonema [j].

Antes de **a, o, u** no ofrece ningún problema ortográfico, pues es la única letra que representa ese fonema.

jaula	**Jo**vita	**ju**eves
naran**ja**	ro**jo**	en**ju**agar

Localiza en tu lectura dos palabras en las que aparezca el grupo **ja, jo** o

ju. _____   _____

RECUERDA:

El fonema [j] antes de **e** o **i** puede estar representado por las letras **j** o **g**.

Por lo tanto, vamos a practicar los usos de la **j** seguida de **e** o **i**.

En la lectura (81) hay tres palabras en negritas. Escríbelas.

_____   _____   _____

Cambia al singular la segunda de ellas. _____

Estas palabras terminan en _____ .

Podemos entonces decir:

> La terminación **aje** se escribe con **j**.
> Excepciones: **ambages** y otras de uso menos frecuente.

II. Completa con AJE.

1. ram____   5. carru____   9. par____   13. bag____

2. cor____   6. vir____   10. gar____   14. pot____

3. equip____   7. foll____   11. vi____   15. metr____

4. lengu____   8. vend·____   12. salv____   16. tr____

Vuelve a escribir las palabras que acabas de formar.

III. Cambia al plural las palabras del ejercicio II.

1. _____ 5. _____ 9. _____ 13. _____

2. _____ 6. _____ 10. _____ 14. _____

3. _____ 7. _____ 11. _____ 15. _____

4. _____ 8. _____ 12. _____ 16. _____

OBSERVA:

agujero	granjera	relojería
relojero	mensajera	brujería

Subraya las terminaciones de estas palabras.

> Las terminaciones **jero, jera** y **jería** de **sustantivos** y **adjetivos** se escriben con **j**. Excepto: **ligero**

IV. Escribe.

consejero   **conserjería**   **relojero**   **mensajero**

_____   _____   _____   _____

_____   _____   _____   _____

_____   _____   _____   _____

_____   _____   _____   _____

tinajero	**mensajería**	**relojería**	**tijera**
_____	_____	_____	_____
_____	_____	_____	_____
_____	_____	_____	_____
_____	_____	_____	
viajero	**agujero**	**ropavejero**	**granjero**
_____	_____	_____	_____
_____	_____	_____	_____
_____	_____	_____	_____
_____	_____	_____	_____

V. Lee con atención.

exa**gero**	refri**gero**	reco**gería**
exa**gera**	refri**gera**	aco**gería**
		prote**gería**

Las palabras anteriores **no** son excepciones a la regla anterior, puesto que no son ni adjetivos ni sustantivos; son _____ en cuyo infinitivo aparece una **g**. Ésta se conserva antes de **e** o **i**.

VI. Conjuga los siguientes verbos en los tiempos que se indica.

exagerar

Indicativo

Presente	*Pretérito*	**refrigerar**	
_____	_____	_____	_____
_____	_____	_____	_____
_____	_____	_____	_____
_____	_____	_____	_____
_____	_____	_____	_____
_____	_____	_____	_____

aligerar		**contagiar**	
_____	_____	_____	_____
_____	_____	_____	_____
_____	_____	_____	_____
_____	_____	_____	_____
_____	_____	_____	_____
_____	_____	_____	_____

Pospretérito de indicativo

encoger   **recoger**   **escoger**   **proteger**

_____   _____   _____   _____

_____   _____   _____   _____

_____   _____   _____   _____

_____   _____   _____   _____

_____   _____   _____   _____

_____   _____   _____   _____

OBSERVA:

adjetivo   objeto
adjudicación   objeción

Subraya las tres primeras letras de las palabras que acabas de leer.

Podemos decir que:

Las palabras que empiezan con **adj** y **obj** se escriben con **j**.

VII. Completa con ADJ u OBJ. Consulta tu diccionario.

1. ____udicación   4. ____etos   7. ____untar

2. ____etivamente   5. ____udicar   8. ____etividad

3. ____urar   6. ____etar   9. ____urador

Vuelve a escribir las palabras que acabas de formar.

ATENCIÓN:

ajeno   **eje**
ajenjo   **eje**rcitar

Las palabras que comienzan con **aje** o **eje** se escriben con **j**. *EXCEPTO:* **egeo**   **Egeria** **agenda**   **agenciar** **agencia**   **agente**

VIII. Completa con AJE o EJE.

1. ____drez   3. ____rcito   5. ____rcer

2. ____mplo   4. ____treo   6. ____cutar

Vuelve a escribir las palabras que acabas de formar.

Hay muchas palabras que se escriben con **ge, gi** o con **je, ji** y que no siguen ninguna regla. Sin embargo, en algunos casos sí es posible saber si se usa **j** o **g**. Para ello debemos recordar que las palabras conservan la ortografía de aquéllas de las que proceden.

Así:

De bajo ⟶ bajeza   bajito   bajísimo

IX. Busca palabras de la misma familia en las que aparezcan las sílabas **JE** o **JI**.

aguja	bruja	cojo	granja
___	___	___	___
___	___	___	___

hijo	hoja	ojo	paja
___	___	___	___
___	___	___	___

reja	reloj	rojo	trabajo
___	___	___	___
___	___	___	___

VERBOS CON **J**

OBSERVA:

trabajé   forcejeó
trabajó   forcejeando
trabajan   forcejeaban

(   )   (   )

Escribe los infinitivos en los paréntesis.

Estos   verbos   terminan   en _____ y _____ .

Conservan la **j** en todas sus formas.

Los verbos terminados en **jar** y **jear** se escriben con **j** en todas sus formas.

X. Conjuga los siguientes verbos.

empujar   **dejar**

Pres. Ind.   *Pres. Subj.*

_____   _____   _____   _____
_____   _____   _____   _____
_____   _____   _____   _____
_____   _____   _____   _____
_____   _____   _____   _____
_____   _____   _____   _____

dibujar   **rebajar**

_____   _____   _____   _____
_____   _____   _____   _____
_____   _____   _____   _____
_____   _____   _____   _____
_____   _____   _____   _____
_____   _____   _____   _____

forcejear   **hojear**

Copret. Ind.   *Pospret. Ind.*

_____   _____   _____   _____
_____   _____   _____   _____
_____   _____   _____   _____
_____   _____   _____   _____
_____   _____   _____   _____

granjear   **lisonjear**

_____   _____   _____   _____
_____   _____   _____   _____
_____   _____   _____   _____
_____   _____   _____   _____
_____   _____   _____   _____

XI. Busca verbos terminados en JAR y JEAR que pertenezcan a la misma familia de las siguientes palabras.

JAR		JEAR	
atajo	atajar	burbuja	
agasajo		calleja	
arrojo		canje	
bajo		cojo	
cortejo		espejo	
despojo		flojo	
dibujo		forcejeo	
esponja		hoja	
festejo		gorjeo	
manejo		granja	
rebaja		lisonja	
remojo		masaje	
trabajo		ojo	

XII. Completa el ejercicio siguiente.

Ej. atajar   atajen   '3a. pers. plural del Pres. Subj.)

1. agasajar		7. esponjar	
2. arrojar		8. festejar	
3. bajar		9. manejar	
4. cortejar		10. rebajar	
5. despojar		11. remojar	
6. dibujar		12. trabajar	

Ya habrás advertido que la **j** del infinitivo se conserva en todas las formas. Recuerda que en la lección anterior dijimos que la sílaba **gen**, salvo excepciones, se escribe con *g*.

Sin embargo, cuando esta sílaba aparece en formas verbales en cuyo infinitivo hay una **j**, ésta se conserva siempre.

OBSERVA:

dije	reproduje	distraje
dijiste	reprodujiste	distrajiste
dijera	reprodujera	distrajera
dijese	reprodujese	distrajese
( )	( )	( )

Escribe los infinitivos de los verbos que acabas de leer.

> Todos los verbos terminados en **decir, ducir** y **traer** agregan una **j** en el pretérito de indicativo y en las dos formas del pretérito de subjuntivo.

XIII. Conjuga los siguientes verbos en los tiempos que se indica.

desdecir

Pret. Ind.   *Pret. Subj.*

_____   _____   o   _____

_____   _____   _____

_____   _____   _____

_____   _____   _____

_____   _____   _____

bendecir

_____   _____   o   _____

_____   _____   _____

_____   _____   _____

_____   _____   _____

contradecir

_____   _____   o   _____

_____   _____   _____

_____   _____   _____

_____   _____   _____

_____   _____   _____

conducir

_____   _____   o   _____

_____   _____   _____

_____   _____   _____

_____   _____   _____

_____   _____   _____

traducir

_____ _____ o _____
_____ _____   _____
_____ _____   _____
_____ _____   _____
_____ _____   _____
_____ _____   _____

producir

_____ _____ o _____
_____ _____   _____
_____ _____   _____
_____ _____   _____
_____ _____   _____
_____ _____   _____

traer

_____ _____ o _____
_____ _____   _____
_____ _____   _____
_____ _____   _____
_____ _____   _____
_____ _____   _____

contraer

_____ _____ o _____
_____ _____   _____
_____ _____   _____
_____ _____   _____
_____ _____   _____
_____ _____   _____

atraer

		o
_____	_____	_____
_____	_____	_____
_____	_____	_____
_____	_____	_____
_____	_____	_____
_____	_____	_____

retraer

		o
_____	_____	_____
_____	_____	_____
_____	_____	_____
_____	_____	_____
_____	_____	_____

EJERCICIOS DE COMPROBACIÓN

XIV. Completa con G, GU o J, según corresponda.

(82) LA PRINCESA MIRRHA

Nació en la monarquía de los grandes Mogoles, de un matrimonio de __entiles, de estirpe real, y la llamaron Mirrha, que quiere decir Amar__ura.

Hombres piadosos que hablan de su vida, refieren que la Vir__en María la recibió en sus manos al venir al mundo; la bañó, para borrar la mancha de su ori__en y la acostó suavemente al lado de su madre, llamada Fruta Olorosa.

El príncipe, su padre, sabía curar enfermos con palabras de ensalmo, y con__urar las tormentas con el a__a de una fuente sagrada.

Como el hada madrina de un cuento, cierto día en que la Vir__en fue a visitar a Fruta Olorosa, hizo que la acompañara a un __ardín; le dio un alfan__e, y le ordenó que con él cavara la tierra.

La madre de Mirrha descubrió, a poco de cavar, unas __oyas, brillante re__ero de estrellas, que la Vir__en misma le ayudó a depositar en lugar seguro, diciéndole: ''He aquí tu recompensa por los cuidados que prodi__es a la niña, mientras esté contigo''.

Meditaban el príncipe y la princesa sobre el sentido de estas palabras, cuando lle__aron al palacio tres astrólo__os y pidieron que les permitieran adivinar el porvenir de Mirrha.

El horóscopo ase__uró que su vida sería prodi__iosa, pero que ellos nada sabrían, porque el destino de su hi__a la llevaría al extremo del mundo. Y los tres adivinos, al concluir, se elevaron batiendo alas de án__eles.

FRANCISCO MONTERDE
El temor de Hernán Cortés

(83) EL CABALLO MARINO

El caballo marino suele aparecer en las costas en busca de la hembra; a veces lo apresan. El pela__e es negro y lustroso; la cola es lar__a y barre el suelo; en tierra firme anda como los otros caballos, es muy dócil y puede recorrer en un día centenares de millas. Conviene no bañarlo en el río, pues en cuanto ve el a__a recobra su anti__a naturaleza y se ale__a nadando.

WANG TAI-LAY
Miscelánea China
en *El libro de la imaginación*

(84) EL PAÑUELO

La mitolo__ía malaya habla de un pañuelo, sansistab kalab, que se te__e solo y cada año a__re__a una hilera de perlas finas, y cuando esté concluido ese pañuelo, será el fin del mundo.

W.W. SKEAT
en *El libro de la imaginación*

(Comprobación 110. p. 293)

XV. **Busca en tu diccionario el significado de las siguientes voces homófonas. (CUANDO SE TRATE DE UNA FORMA VERBAL (vb), ANOTA SÓLO EL INFINITIVO).**

1. jira _____

   gira (vb) _____

2. vejete _____

   vegete (vb) _____

3. injerir_____

   ingerir _____

XVI. **Agrega los acentos y signos de puntuación que se han omitido en el siguiente texto.**

Tienes que poner: *25* acentos   *5* punto y seguido   *5* punto y aparte   *1* punto final   *13* comas   *2* punto y coma   *1* dos puntos   *1* signos de interrogación   *2* puntos suspensivos   *10* guiones.

(85) LA TONA

Simon saco de la copa de su sombrero un gran pañuelo de yerbas con el se enjugo el sudor que le corria por las sienes luego respiro profundo mientras empujaba timidamente la puertecilla de la choza

Crisanta cubierta con un sarape desteñido yacia sosegada Altagracia retiraba ahora de la lumbre una gran tinaja con agua caliente y el medico con la camisa remangada desmontaba la aguja de la jeringa hipodermica.

Hicimos un machito dijo con voz debil y en la aglutinante lengua zoque Crisanta cuando miro a su marido Entonces la boca de ella se ilumino con el brillo de dos hileras de dientes como granitos de elote.

Macho pregunto Simon orgulloso Ya lo decia yo

Tras de pescar el menton de Crisanta entre sus dedos toscos e inhabiles para la caricia fue a mirar a su hijo a quien se disponian a bañar el doctor y Altagracia El nuevo padre rudo como un peñasco vio por unos instantes aquel trozo de canela que se debatia y chillaba

Es bonito dijo se parece a aquella en lo trompudo y señalo con la barbilla a Crisanta Luego con un dedo tieso y torpe ensayo una caricia en el recien nacido.

Gracias doctorcito Me ha hecho uste el hombre mas contetno de Tapijulapa.

FRANCISCO ROJAS GONZÁLEZ
El diosero

(Comprobación 111. p. 293)

I. Lee.

(86) AMANECER

¿Qué se hace a la **hora** de **morir**? ¿Se vuelve
la **cara** a la **pared**?

¿Se **agarra** por los hombros al que está cerca y oye?
¿Se echa uno a **correr**, como el que tiene
las **ropas** incendiadas, **para** alcanzar el fin?

¿Cuál es el **rito** de esta **ceremonia**?
¿Quién vela la agonía? ¿Quién **estira** la sábana?
¿Quién aparta el espejo sin empañar?

Porque a esta hora ya no hay madre y deudos.

Ya no hay sollozo. Nada más que un silencio atroz.

Todos son una faz atenta, incrédula
del hombre de la otra **orilla**.
Porque lo que sucede no es verdad.

ROSARIO CASTELLANOS

USOS DE **R** Y **RR**

En el poema que acabas de leer hay varias palabras en negritas.
Clasifícalas de acuerdo con lo que se indica.

r inicial	**r en medio de palabra**	**rr en medio de palabra**
_____	_____	_____
_____	_____	_____
	_____	
	_____	
	_____	
	_____	
	_____	

Observa cómo en la primera y en la última columnas la r inicial y la rr intervocálica corresponden al mismo fonema: [rr].

Recuerda que la **r** es una letra que se duplica para producir el fonema [rr] cuando va entre vocales. Sin embargo, a principio de palabra **nunca** se escribe doble y siempre suena [rr].

ATENCIÓN:

para **r**ayos = para**rr**ayos
cuasi **r**eflejo = cuasi**rr**eflejo

> La **r** inicial de la segunda palabra de un compuesto se duplica si la letra anterior es una vocal.

PERO:

sub **r**ayar = sub**r**ayar

No se duplica porque la letra anterior es una consonante: **b**

II. Completa con R o RR, según convenga.

1. semi____ecta
2. en____ollar
3. vice____ector
4. des____amar
5. porta____etrato

6. en____iquecer
7. greco____omano
8. en____edadera
9. sub____eino
10. banca____ota

11. contra____ecibo
12. auto____etrato
13. en____ojecer
14. hazme____eír
15. en____ejado

Vuelve a escribir las palabras que acabas de formar.

III. Observa.

alrededor   Enriqueta   Israel

¿Cuáles son las letras anteriores a la **r** en las palabras que acabas de leer? _____ , _____ y _____ .

¿A qué fonema corresponde la *r* , a [r] o [rr]? _____ .

(Comprobación 112. p. 294)

Decimos entonces:

> Después de **l, n** y **s** la **erre** suena fuerte, pero no se escribe doble.

IV. Completa con la letra que hace falta y busca otra palabra de la misma familia.

1. en__aizar _____

3. son__eír _____

2. Is__ael _____

4. En__ique _____

5. en__ojecer _____   7. al__ededor _____

6. en__edar _____   8. hon__ado _____

Vuelve a escribir todas las palabras del ejercicio IV.

—————————————————————USOS DE **M** Y **N**

V. **Lee cuidadosamente los dos grupos de palabras.**

(*m*) embalar	(*n*) anfibio
también	confianza
empezar	inmaduro
romper	conmiseración
amnistía	inválido
amnesia	convalecer

Subraya las letras que van después de la *m.* ¿Cuáles son? _____ , _____ y

_____ .

Subraya las que van después de la *n.* Son _____ , _____ y _____ .

(Comprobación 113. p. 294)

Decimos entonces:

> Antes de **b, p** y **n** siempre se escribe **m**. Antes de **f, m** y **v** se usa **n**.

VI. **Completa con M o N y escribe nuevamente las palabras.**

a__nesia	_____	cala__bre	_____
á__fora	_____	te__plado	_____
hi__no	_____	e__vilecer	_____
i__munizar	_____	co__bate	_____
so__bra	_____	i__moralidad	_____
co__fusión	_____	sole__nidad	_____
tra__poso	_____	i__fante	_____
e__mudecer	_____	i__primir	_____
A__paro	_____	co__veniente	_____
co__mover	_____	so__brío	_____
a__biguo	_____	i__vadir	_____
i__placable	_____	i__previsto	_____
e__fermedad	_____	sucu__bir	_____

o__nipotente   _____   co__mutador   _____

i__menso   _____   colu__na   _____

e__pleado   _____   i__falible   _____

e__vío   _____   e__presario   _____

ca__pana   _____   i__ventar   _____

i__fectar   _____   ha__briento   _____

a__bos   _____   e__pate   _____

i__potente   _____   co__fianza   _____

e__friar   _____   alu__no   _____

gi__nasia   _____   i__mortal   _____

tra__vía   _____   có__plice   _____

a__pliación   _____   i__válido   _____

e__pinado   _____   bo__bardeo   _____

e__vidia   _____   co__fesión   _____

inco__prensible   _____   te__pestad   _____

e__fadado   _____   Acá__baro   _____

calu__nia   _____   i__material   _____

co__versar   _____   i__bécil   _____

i__portante   _____   e__mascarar   _____

i__vocar   _____   co__promiso   _____

e__pujar   _____   i__migrante   _____

e__fático   _____   inde__nización   _____

A__brosio   _____   co__memorar   _____

OBSERVA:

       innoble   ennegrecer   connotación

> Se usa **doble n** en palabras compuestas por una partícula (en, in, con)
> que termina con **n** y una palabra que empieza también con **n**.
> in + noble = innoble.

VII. Forma un compuesto.

Ej.   en noble   ennoblecer

      1. con natural _____   4. in numerar   _____

      2. en necio   _____   5. en noble   _____

      3. in navegar   _____   6. con notar   _____

———————————————————VOCALES DOBLES

VIII. Lee

contraataque   reencarnación

En algunas palabras se conserva la **aa** o **ee** al formarse compuestos.

IX. Escribe.

a) contraalmirante   _____   _____

contraatacante   _____   _____

contraaviso   _____   _____

b) reembolsar*   _____   _____

reelegir   _____   _____

reeducar   _____   _____

reencontrar   _____   _____

reenganchar   _____   _____

reexpedir   _____   _____

reenviar   _____   _____

reencarnar   _____   _____

reencuadernar   _____   _____

X. Escribe un sustantivo de la misma familia de los verbos del grupo b).

_____   _____   _____

_____   _____   _____

OBSERVA:

leer   creer   poseer

Hay algunos verbos que se escriben con **doble e.**
La conservan en el presente, el futuro y el pospretérito de indicativo.

* También **rembolsar.**

XI. Conjuga los siguientes verbos.

creer

Presente	*Futuro*	*Pospretérito*
_____	_____	_____
_____	_____	_____
_____	_____	_____
_____	_____	_____
_____	_____	_____

leer

_____	_____	_____
_____	_____	_____
_____	_____	_____
_____	_____	_____
_____	_____	_____

poseer

_____	_____	_____
_____	_____	_____
_____	_____	_____
_____	_____	_____
_____	_____	_____

ATENCIÓN:

cooperar   coordinar

En estos verbos se usa *doble o.*

XII. Busca tres palabras de la misma familia. Usa tu diccionario.

cooperar   **coordinar**

_____	_____
_____	_____
_____	_____

PALABRAS JUNTAS O SEPARADAS

XIII. Lee.

Oímos una conferencia **acerca** de los problemas políticos y económicos de Latinoamérica.

El pueblo queda **a cerca** de cuatro kilómetros de aquí.

Observa el uso de **acerca** y **a cerca** en las oraciones que acabas de leer.
acerca (adverbio que significa **sobre lo que se trata**).
a cerca (prep. + adv. que significan **casi, aproximadamente**).

Así como **acerca** y **a cerca** hay otros pares de palabras que cambian de significado cuando se escriben juntas o separadas.

XIV. Localiza en el diccionario las siguientes palabras; escribe su significado y construye una oración original con cada una de ellas.

Ej.   **quienquiera** (Pronombre indefinido. Significa "persona indeterminada, alguno, sea quien sea"). Déjalo entrar, quienquiera que sea.
quien quiera (Pronombre relativo + verbo. Significa "la persona que desee o quiera"). Quien quiera salir, puede hacerlo ahora.

1. **abajo**   (_____)
   _____

   a bajo   (_____)
   _____

2. **adonde**   (_____)
   _____

   a donde   (_____)
   _____

3. **afín**   (_____)
   _____

   a fin   (_____)
   _____

4. **así mismo** (asimismo)(_____)
   _____

   a sí mismo (_____)
   _____

5. **conque**   (_____)

   _____

   con que   (_____)

   _____

6. **mediodía**   (_____)

   _____

   medio día   (_____)

   _____

7. **porvenir**   (_____)

   _____

   por venir   (_____)

   _____

8. **quehacer**   (_____)

   _____

   qué hacer   (_____)

   _____

9. **sinnúmero** (_____)

   _____

   sin número (_____)

   _____

10. **sino**   (_____)

    _____

    si no   (_____)

    _____

11. **siquiera**   (_____)

    _____

    si quiera   (_____)

    _____

12. **también**   (_____)

    _____

    tan bien   (_____)

    _____

13. **tan poco**   (_____)

    _____

    tampoco   (_____)

    _____

XV. **Forma oraciones con las siguientes palabras. Observa que siempre se escriben separadas.**

1. a menudo _____
2. ex profeso _____
3. a pesar _____
4. a propósito _____
5. a veces _____
6. en medio _____
7. a través _____

XVI. **Observa ahora las siguientes palabras. Siempre se escriben juntas. Forma una oración con cada una.**

1. adentro _____
2. alrededor _____
3. aprisa _____
4. conmigo _____
5. consigo _____
6. contigo _____
7. enfrente _____
8. exvoto _____
9. viceversa _____
10. zigzag _____

SIMPLIFICACIONES (GRUPOS **PS, GN, MN**)

OBSERVA:

psiquiatría	o	siquiatría
gnomo	o	nomo
mnemotecnia	o	nemotecnia

Las palabras que empiezan con los grupos **ps, gn** o **mn** tienden a simplificarse en la escritura y en la lengua oral. En esta última es completamente aceptable decir **siquiatra** en vez de **psiquiatra,** por ejemplo.

XVII. Escribe la forma simplificada de las siguientes palabras.

gnómico _____   pseudo   _____

gnomo _____   psicoanálisis   _____

gnosticismo _____   psicología   _____

gnóstico _____   psicopatología _____

                               psicosis   _____

mnemónica _____   psicoterapia   _____

mnemotecnia _____   psiquiatra   _____

mnemotécnica _____   psíquico   _____

Busca en tu diccionario el significado de estas palabras y escríbelo en tu cuaderno.

VERBOS EN IAR
(ACENTUACIÓN VACILANTE)

XVIII. Lee.

Me **contraría** mucho que llegues tarde.
¿Para que **rocías** la ropa?
Su presencia **agria** cualquier reunión.
Ellos se **vanaglorian** de sus éxitos.

Escribe los infinitivos de los verbos en negritas.

_____ _____ _____ _____

Todos estos verbos terminan en_____
Sin embargo, las formas verbales que acabas de leer en las oraciones tienen una diferencia. ¿Cuál es?_____

(Comprobación 114. p. 294)

Podemos afirmar que:

Los verbos terminados en **iar** presentan problemas de ortografía, puesto que hay dos posibilidades para acentuarlos:

rocía / agria
(rociar)   (agriar)

Estos verbos frecuentemente ofrecen también dudas en cuanto a su pronunciación.

Vamos a intentar clasificar los que más comúnmente presentan duda.

OBSERVA: Se conjugan como **desviar** (esto es, se destruye el diptongo y se usa acento en la *i*) los siguientes verbos.

XIX. Conjúgalos en el presente de indicativo.

Ej.

aliarse	**ansiar**	**arriar**	**confiar**
me alío	_____	_____	_____
te alías	_____	_____	_____
se alía	_____	_____	_____
nos aliamos	_____	_____	_____
os aliáis	_____	_____	_____
se alían	_____	_____	_____

contrariar	**chirriar**	**descarriar**	**expatriar**
_____	_____	_____	_____
_____	_____	_____	_____
_____	_____	_____	_____
_____	_____	_____	_____
_____	_____	_____	_____
_____	_____	_____	_____

extasiar	**enviar**	**inventariar**	**rociar**
_____	_____	_____	_____
_____	_____	_____	_____
_____	_____	_____	_____
_____	_____	_____	_____
_____	_____	_____	_____
_____	_____	_____	_____

Vamos a ver ahora el otro grupo. Estos verbos conservan el diptongo y no llevan acento. Se conjugan como **cambiar.**

XX. Conjúgalos en el presente de indicativo.

afiliar	agriar	auxiliar	conciliar

diferenciar	escanciar	espaciar	rumiar

saciar	sitiar	vanagloriarse	preciarse

Es conveniente que leas todos estos verbos en voz alta, las veces que sea necesario, para que los recuerdes y te acostumbres a pronunciarlos correctamente.

PARÓNIMOS

RECUERDA: Los parónimos son palabras que por su semejanza suelen confundirse.

XXI. Busca cada palabra en el diccionario y anota su significado.

1. abeja _____

   oveja _____

2. absorver _____

   absolver _____

3. acceso _____

   absceso _____

4. actitud _____

   aptitud _____

5. acusar _____

   acuciar _____

6. afección _____

   afición _____

7. aprender _____

   aprehender _____

8. área _____

   aria _____

9. arrear _____

   arriar _____

10. accesible _____

    asequible _____

11. azar _____

    azahar _____

12. casualidad _____

    causalidad _____

13. colisión _____

    coalisión _____

    colusión _____

14. compresión _____

    comprensión _____

15. desecar _____

    disecar _____

16. devastar _____

    desbastar _____

17. entremeter _____

    entrometer _____

18. escéptico _____

    aséptico _____

19. estrato _____

    extracto _____

20. infectar _____

    infestar _____

21. inventiva _____

    invectiva _____

22. intercesión _____

    intersección _____

23. óptico _____

    ótico _____

24. perjuicio _____

    prejuicio _____

25. perseguir _____

    proseguir _____

26. prever _____

    proveer _____

27. recesión _____

    rescisión _____

28. revalidar _____

    rivalizar _____

29. romántico _____

    románico _____

30. salobre _____

    salubre _____

31. sucesión _____

    secesión _____

32. tesitura _____

    textura _____

33. transición _____

   transacción _____

34. vértice _____

   vórtice _____

XXII. Agrega los acentos y signos de puntuación que se han omitido en el texto siguiente.

> Tienes que poner: *28* acentos *10* punto y seguido *2* punto y aparte *1* punto final *21* comas *1* punto y coma

(87) DESDE UNA VENTANA

Una ventana de dos metros de altura en una esquina Dos niñas viendo abajo un grupo de diez hombres con las armas preparadas apuntando a un joven sin rasurar y mugroso que arrodillado suplicaba desesperado terriblemente enfermo se retorcia de terror alargaba las manos hacia los soldados se moria de miedo El oficial junto a ellos va dando las señales con la espada cuando la elevo como para picar el cielo salieron de los treintas diez fogonazos que se incrustaron en su cuerpo hinchado de alcohol y cobardia Un salto terrible al recibir los balazos luego cayo manandole sangre por muchos agujeros Sus manos se le quedaron pegadas en la boca Alli estuvo tirado tres dias se lo llevaron una tarde quien sabe quien

Como estuvo tres noches tirado ya me habia acostumbrado a ver el garabato de su cuerpo caido hacia su izquierda con las manos en la cara durmiendo alli junto de mi Me parecia mio aquel muerto Habia momentos que temerosa de que se lo hubieran llevado me levantaba corriendo y me trepaba en la ventana Era mi obsesion en las noches me gustaba verlo porque me parecia que tenia mucho miedo

Un dia despues de comer me fui corriendo para contemplarlo desde la ventana ya no estaba El muerto timido habia sido robado por alguien la tierra se quedo dibujada y sola Me dormi aquel dia soñando en que fusilarian otro y deseando que fuera junto a mi casa

NELLIE CAMPOBELLO
Cartucho

(Comprobación 115. p. 294)

20
LOS NÚMEROS

I. Lee con atención.

(88)   **Cuatro** siglos es mucho, son **cuatrocientos** años. **Cuatrocientos** años hace que vivió el Padre las Casas, y parece que está vivo todavía, porque fue bueno.

JOSÉ MARTÍ
''El Padre las Casas''

En muchas ocasiones —en la literatura, por ejemplo— escribimos los números con letras. Es por esto que hay que practicar su ortografía.

NÚMEROS CARDINALES

II. Escribe.

uno   _____   _____   _____

dos   _____   _____   _____

tres   _____   _____   _____

cuatro   _____   _____   _____

cinco   _____   _____   _____

seis   _____   _____   _____

siete   _____   _____   _____

ocho   _____   _____   _____

nueve   _____   _____   _____

diez   _____   _____   _____

once   _____   _____   _____

doce   _____   _____   _____

trece   _____   _____   _____

catorce   _____   _____   _____

quince   _____   _____   _____
dieciséis   _____   _____   _____
diecisiete   _____   _____   _____
dieciocho   _____   _____   _____
diecinueve   _____   _____   _____
veinte   _____   _____   _____
veintiuno   _____   _____   _____
veintidós   _____   _____   _____
veintitrés   _____   _____   _____
veinticuatro   _____   _____   _____
veinticinco   _____   _____   _____
veintiséis   _____   _____   _____
veintisiete   _____   _____   _____
veintiocho   _____   _____   _____
veintinueve   _____   _____   _____
treinta   _____   _____   _____
cuarenta   _____   _____   _____
cincuenta   _____   _____   _____
cien   _____   _____   _____
doscientos   _____   _____   _____
trescientos   _____   _____   _____

Ya habrás advertido que:

> Del 1 al 29 los números se escriben con una sola palabra.
> También las decenas (30,40,50) y las centenas se escriben con una pa-
> labra (100,200,300).

Todos los demás números cardinales se escriben separando las palabras de que se componen. Así:

Doscientos ochenta y nueve   (4 palabras)

III. Escribe.

Ej.   131   Ciento treinta y uno _____
       248   _____
       729   _____
       615   _____

1354 _____

176 _____

259 _____

6563 _____

419 _____

312 _____

1917 _____

(Comprobación 116. p. 295)

OBSERVA:

Va a llegar el día **veintiuno** de abril.
Hace **veintiún** días que llegó.

El número 21 antes de un sustantivo pierde la **o** final y lleva acento en la
u: veintiún.

Lo mismo sucede con 31, 41, 51, etc., pero no llevan acento porque no
forman una sola palabra.

IV. Escribe en letras el número que se indica.

1. Necesitas buscar (61) _____ palabras
en el diccionario.

2. El cuaderno cuesta (21) _____ pesos.

3. Ese libro tiene (231) _____
páginas.

4. Todavía faltan (121) _____ días.

NÚMEROS ORDINALES

V. Escribe.

primero _____ _____ _____

segundo _____ _____ _____

tercero _____ _____ _____

cuarto _____ _____ _____

quinto _____ _____ _____

sexto _____ _____ _____

séptimo   _____   _____   _____

octavo   _____   _____   _____

noveno   _____   _____   _____

décimo   _____   _____   _____

Los números ordinales sirven para indicar orden o sucesión.

OBSERVA:

          décimo   undécimo   duodécimo

10°, 11° y 12° llevan la terminación *écimo.*

VI. Escribe.

décimo   _____   _____   _____

undécimo   _____   _____   _____

duodécimo   _____   _____   _____

decimotercero   _____   _____   _____

decimocuarto   _____   _____   _____

decimoquinto   _____   _____   _____

decimosexto   _____   _____   _____

decimoséptimo   _____   _____   _____

decimoctavo   _____   _____   _____

decimonoveno
o
decimonono   _____   _____   _____

vigésimo   _____   _____   _____

ATENCIÓN:

A partir del 20° usamos la terminación **ésimo.**
trigésimo   **nonagésimo**

VII. Escribe.

vigésimo   _____   _____

trigésimo   _____   _____

cuadragésimo   _____   _____

quinquagésimo   _____   _____

sexagésimo _____ _____ _____

septuagésimo _____ _____ _____

octogésimo _____ _____ _____

nonagésimo _____ _____ _____

centésimo _____ _____ _____

VIII. Escribe los números ordinales que se piden a continuación. Consulta los ejercicios V y VII, cuando sea necesario.

Ej.   27°   Vigesimoséptimo

82° _____

45° _____

31° _____

97° _____

63° _____

56° _____

24° _____

79° _____

88° _____

100° _____

IX. Agrega los acentos y signos de puntuación que se han omitido en el siguiente texto.

Tienes que poner: *28* acentos *11* punto y seguido *2* punto y aparte *1* punto final *7* comas *3* dos puntos *3* comillas

(89) EL TECHO PODRIDO

Misia Ines estaba casada hacia cincuenta años con don Ubaldo Este era un hombre de una sola palabra

Una noche la mujer sintio un sospechoso crujido en el techo A la mañana siguiente subio a la azotea y comprobo la existencia de tremendas rajaduras En otras zonas el techo tenia aspecto de estar podrido

Entonces bajo y se lo dijo al marido Pero don Ubaldo se pronuncio Esta prohibido decir que nuestro techo esta podrido Misia Ines callo Pero dos semanas mas tarde subio nuevamente al techo y vio que las rajaduras aumentaban y que la zona podrida se habia extendido peligrosamente

Bajo a comunicarselo al marido pero no habia abierto la boca cuando ya don Ubaldo la frenaba Esta prohibido decir etc.

Misia Ines nuevamente callo Pero a la mañana siguiente oyo un crujido mas sonoro aun que los anteriores Entonces subio otra vez al techo y vio que el derrumbe era inminente Pese a su provecta edad bajo como cohete la escalera y sin mirar siquiera a su marido salio corriendo a la calle Firme e impavido don Ubaldo alcanzo a pronunciar Esta pro

MARIO BENEDETTI
Letras de emergencia

(Comprobación 117. p. 295)

SECCIÓN DE COMPROBACIONES

1

Cier-to hom-bre, que ha-bí-a com-pra-do u-na va-ca mag-ní-fi-ca, so-ñó la mis-ma no-che que cre-cí-an a-las so-bre la es-pal-da del a-ni-mal, y que és-te se mar-cha-ba vo-lan-do. Con-si-de-ran-do es-to un pre-sa-gio de in-for-tu-nio in-mi-nen-te, lle-vó la va-ca al mer-ca-do nue-va-men-te, y la ven-dió con gran pér-di-da. En-vol-vien-do en un pa-ño la pla-ta que re-ci-bió, la e-chó so-bre su es-pal-da, y a mi-tad del ca-mi-no a su ca-sa, vio a un hal-cón co-mien-do par-te de u-na lie-bre. A-cer-cán-do-se al ave, des-cu-brió que e-ra bas-tan-te man-sa, de ma-ne-ra que le a-tó u-na pa-ta a u-na de las es-qui-nas del pa-ño en que es-ta-ba su di-ne-ro. El hal-cón a-le-tea-ba mu-cho, tra-tan-do de es-ca-par, y tras un ra-to, al a-flo-jar-se mo-men-tá-nea-men-te la ma-no del hom-bre, vo-ló con to-do y el tra-po y el di-ne-ro. "Fue el des-ti-no", di-jo el hom-bre ca-da vez que con-tó la his-to-ria; ig-no-ran-te de que, pri-me-ro, no de-be te-ner-se fe en los sue-ños; y, se-gun-do, de que la gen-te no de-be re-co-ger co-sas que ve al la-do del ca-mi-no. Los cua-drú-pe-dos ge-ne-ral-men-te no vue-lan.

. . . .

2

Que todas tienen acento escrito en la última sílaba.

. . . .

3

vocal, n o **s.**

. . . .

4

consonante   n   s

. . . .

5

sótano - así - sucedió - después - según - pasará - aprovechó - firmó - comió -producción   publicó - está (teniendo) - éxito

. . . .

6

Sí.
Porque es una palabra aguda terminada en vocal.

. . . .

7

Sí.
La unión de una vocal débil y una fuerte siempre que el acento no recaiga en la débil.

. . . .

8

días —	había —	kilómetros —	Ejército —
Salvación —	habían —	todavía —	había —
había —	calefacción —	días —	Pérez —
Galdós —	única —	tenía —	invitación —
dejé —	limpié —	sacudí —	salí

. . . .

9

1. juéguesela   2. extendiéndose
1. **juegue se la**   2. **extendiendo se**
   juegue   extendiendo

. . . .

10

huir   construir   atribuir
UIR

. . . .

11

sé   se   mí   mi

el acento

. . . .

12

1. abrió	14. enfrentó	27. además	40. inspiró
2. sintió	15. ningún	28. hablaría	41. abrí
3. marrón	16. Trató	29. atención	42. impresión
4. tenía	17. Tendré	30. Sólo	43. más
5. Sintió	18. ó	31. algún	44. también
6. Miró	19. pensó	32. separó	45. sonreía
7. tenían	20. podía	33. cincuentón	46. Él
8. árboles	21. sí	34. intuyó	47. tendió
9. tenía	22. Volvió	35. habrá	48. Roldán
10. así	23. Sí	36. pensó	49. Félix
11. pareció	24. dieciséis	37. sentía	50. Roldán
12. triángulo	25. sólo	38. preguntó	51. sé
13. recogió	26. preguntó	39. contempló	52. estrechó

. . . .

13.

1. que	cuándo	
2. Cómo	qué	que
3. cuando	qué	cuántas
4. dónde	que	
5. cuál	cuál	cómo
6. cuando	quién	qué
7. donde	que	
8. quienes	cuánto	
9. Como	cuándo	cuanto
10. como	cual	que

. . . .

14
(nexos)

1. que	5. cuando	9. Como
2. que	6. donde	10. cuanto
3. cuando	7. que	11. como
4. que	8. quienes	12. cual
		13. que

(interrogativos y exclamativos)

1. cuándo	5. cuántas	9. cómo	
2. Cómo	6. dónde	10. quién	
3. qué	7. cuál	11. qué	
4. qué	8. cuál	12. cuánto	13. cuándo

. . . .

15

1. por qué
2. ¿por qué. . .?
3. porqué

. . . .

16

sustantivo

. . . .

17

hombre

. . . .

18

1. estos	aquéllos	
2. Ésa	estos	
3. eso	ésta	
4. esa	ésta	
5. aquellos	Éstos	
6. Eso	aquellos	esto

. . . .

19

1. teléfonos	12. teléfono	23. teléfonos	34. están
2. públicos	13. teléfonos	24. están	35. plástico
3. serían	14. públicos	25. teléfonos	36. más
4. sé	15. sólo	26. están	37. centímetros
5. quién	16. oír	27. inútiles	38. teléfonos
6. dónde	17. está	28. también	39. públicos
7. cómo	18. está	29. vía	40. echándoles
8. teléfonos	19. línea	30. echándolos	41. tostón
9. públicos	20. transmisión	31. están	42. país
10. según	21. también	32. algún	43. comunicación
11. impresión	22. impresión	33. teléfono	44. tostón

. . . .

20

AGUDAS	*GRAVES*	*ESDRÚJULAS*
según		teléfonos
impresión		públicos
está		teléfono
transmisión		línea
también		inútiles
están		echándolos
algún		plástico
tostón		centímetros
comunicación		echándoles

. . . .

21   1. **serían**: se rompe el diptongo porque el acento cae en la vocal débil.

2. **sé**: acento diacrítico. Se acentúa para distinguirla de *se* (pronombre).

3. **quién**: interrogativo indirecto.

4. **dónde**: interrogativo indirecto.

5. **cómo**: interrogativo indirecto.

6. **sólo**: adverbio que equivale a **solamente**.

7. **oír**: se rompe el diptongo porque el acento cae en la vocal débil.

8. **vía**: se rompe el diptongo porque el acento cae en la vocal débil.

9. **más**: acento diacrítico. Se acentúa para distinguirla de *mas* (conjunción).

10. **país**: se rompe el diptongo porque el acento cae en la vocal débil.

. . . .

22.

En el insomnio

El hombre se acuesta temprano. No puede conciliar el sueño. Da vueltas, como es lógico, en la cama. Se enreda entre las sábanas. Enciende un cigarro. Lee un poco. Vuelve a apagar la luz. Pero no puede dormirse. A las tres de la mañana se levanta.

. . . .

23

PROPIEDADES DE UN SILLÓN

En casa del Jacinto hay un sillón para morirse.

Cuando la gente se pone vieja, un día la invitan a sentarse en el sillón que es un sillón como todos pero con una estrellita plateada en el centro del respaldo. La persona invitada suspira, mueve un poco las manos como si quisiera alejar la invitación, y después va a sentarse en el sillón y se muere.

Los chicos, siempre traviesos, se divierten en engañar a las visitas en ausencia de la madre, y las invitan a sentarse en el sillón. Como las visitas están enteradas pero saben que de eso no se debe hablar, miran a los chicos con gran confusión y se excusan con palabras que nunca se emplean cuando se habla con los chicos, cosa que a éstos los regocija extraordinariamente. Al final las visitas se valen de cualquier pretexto para no sentarse, pero más tarde la madre se da cuenta de lo sucedido y a la hora de acostarse hay palizas terribles. No por eso escarmientan, de cuando en cuando consiguen engañar a alguna visita cándida y la hacen sentarse en el sillón. En esos casos los padres disimulan, pues temen que los vecinos lleguen a enterarse de las propiedades del sillón y vengan a pedirlo prestado para hacer sentar a una u otra persona de su familia o amistad. Entre tanto los chicos van creciendo y llega un día en que sin saber por qué dejan de interesarse por el sillón y las visitas. Más bien evitan entrar en la sala, hacen un rodeo por el patio, y los padres que ya están muy viejos cierran con llave la puerta de la sala y miran atentamente a sus hijos como queriendo leer-en-su-pensamiento. Los hijos desvían la mirada y dicen que ya es hora de comer o de acostarse. Por las mañanas el padre se levanta el primero y va siempre a mirar si la puerta de la sala sigue cerrada con llave, o si alguno de los hijos no ha abierto la puerta para que se vea el sillón desde el comedor, porque la estréllita de plata brilla hasta en la oscuridad y se la ve perfectamente desde cualquier parte del comedor.

. . . .

24

Pienso cuando maduraban los limones. En el viento de febrero que rompía los tallos de los helechos, antes que el abandono los secara; los limones maduros que llenaban con su olor el viejo patio.

El viento bajaba de las montañas en las mañanas de febrero. Y las nubes se quedaban allá arriba en espera de que el tiempo bueno las hiciera bajar al valle; mientras tanto dejaban vacío el cielo azul; dejaban que la luz cayera en el juego del viento haciendo círculos sobre la tierra, removiendo el polvo y batiendo las ramas de los naranjos.

Y los gorriones reían; picoteaban las hojas que el aire hacía caer, y reían; dejaban sus plumas entre las espinas de las ramas y perseguían a las mariposas y reían. Era en esa época.

. . . .

25

grité: Ese soy yo. . . Yo.
continué: "Soy yo. . .

. . . .

26

a)   contradictorias: ¿habían querido. . .
b)   duda: eran espías. . .
c)   superioridad: el juzgarse culpable. . .
d)   inútil: nadie daba razón. . .

. . . .

27

a)   humana: enfermedades, muerte. . .
b)   abierto: calles, patios. . .
     azoteas: botón que revienta. . .
c)   caciquismos: el del monopolio. . .
d)   remotas: París, Viena. . .

. . . .

28   FALLIDO

Una vez hubo un hombre que escribía acerca de todas las cosas; nada en el universo escapó a su terrible pluma, ni los rumbos de la rosa náutica y la vocación de los jóvenes, ni las edades del hombre y las estaciones del año, ni las manchas del sol y el valor de la irreverencia en la crítica literaria.

Su vida giró alrededor de este pensamiento: "Cuando muera se dirá que fui un genio, que pude escribir sobre todas las cosas. Se me citará —como a Goethe mismo— a propósito de todos los asuntos."

Sin embargo, en sus funerales —que no fueron por cierto un brillante éxito social— nadie lo comparó con Goethe. Hay además en su epitafio dos faltas de ortografía.

. . . .

29
(34) DIÁLOGO DE SORDOS

Cada vez era más tensa la situación entre los dos partidos: los sordos del Norte y los sordos del Sur. Los sordos del Sur (cuyo distintivo era una bandera colorada) tiraban diariamente cinco cañonazos, pero como los sordos del Norte (cuyo distintivo era una bandera blanca) no los oían, el efecto intimidatorio no era demasiado exitoso. Los sordos del Norte, por su parte, ametrallaban noche a noche los baluartes sordisurdeños, pero los sordos del Sur seguían imperturbables jugando a la escoba de quince. Apenas si una noche un cabo dijo: "¡Salud!" al sargento, creyendo que éste había estornudado.

El gasto de municiones aumentaba semana a semana, pero el hecho de que no hubiera bajas en ninguno de los bandos (o por lo menos que no se oyera cuando bajaban) comenzó a preocupar seriamente a los comandos respectivos. De común acuerdo resolvieron efectuar una reunión secreta (o sea que sólo fue comunicada al Pentágono) a fin de regularizar la situación bélica.

Dos sordos del Sur se encontraron, en un lugar equis de la frontera, con dos sordinorteños, en tanto se hacía llegar a ambos ejércitos (por escrito, ya que la vía oral no es demasiado segura entre los sordos) la orden de un provisorio alto el fuego.

. . . .

30

doctor —dijo el hombre de impoluto traje blanco, pacientemente recostado en el diván del psiquiatra—, . . .
—¿Lo confirmaste?— preguntó. . .
—No sé— fue la respuesta. . .

. . . .

31

que no nos apunten a la cabeza. . .
aquí están nuestros cuerpos. . .
defender a mi patria en días tan difíciles. . .
Bernardo Reyes era ministro de Guerra. . .

"El cero que llama dinero. . ."
"Juéguesela. . . ora estoy en mi día de suerte
y le convido. . .
se va a arrepentir por no hacerme caso. . .
el que buscaba. . .
el viajecito a Europa, patrona. . .
esperanzas, sueños. . .

. . . .

32

¡   ! ¡Oh hermoso cuervo!   ¿   ? ¿No cantas, cuervo?
       ¡Qué plumaje el tuyo!
       ¡Qué lustre!
       ¡Si tu voz es tan bella (. . .) de los pájaros!
       ¡Canta, hermoso cuervo!

. . . .

33

¡   ! ¡Posadas!
       ¡piñatas!
       ¡zas!

¿   ? ¿quién concibe estos ornamentos?
       ¿qué manos colocan (. . .) la algarabía de los niños?

. . . .

34

(irónico)
"navideña"
"que los hay desde trescientos. . ."
"a cinco minutos del Zócalo"

. . . .

35

(frases célebres, populares)
"ponga la basura en su lugar"

. . . .

36

"El respeto al derecho ajeno es la paz".
"Déjame pensar en esto".

Porque se están citando las palabras de otra persona.

. . . .

37

2. pingüino	7. vergüenza	10. cigüeña
4. ambigüedad	8. lingüista	11. güero
5. pedigüeño	9. argüendero	12. halagüeño

. . . .

38

propios
Virgen   Santísima Virgen
En
La

. . . .

39

Metamorfosis — No — Gazel — Esperanza — Aquella — Gazel — Te —
Esperanza — Gazel — Ramón — Gómez — Serna — Caprichos — El

Ya — De — Urbina — Pancho — Villa — Y — Urbina — Hacía — Urbina —
Cayó — Viendo — Urbina — Pobrecito — José — Vasconcelos — La — El

. . . .

40

pueblo	terribles	cobre
hombre	inaplazables	Pablo

l   r
l   r

. . . .

41

1. bisabuelo	4. biplano	7. subdirector
2. bizco	5. subsuelo	8. bilabial
3. subtítulo	6. bipolar	9. bilateral
		10. bimembre

. . . .

42

1. avaricia	6. absorber	11. avestruz
2. obsoleto	7. avería	12. absoluto
3. obsceno	8. oveja	13. obsequio
4. absuelto	9. avión	14. obtener
5. ovación	10. abstraer	15. avanzar

. . . .

43

1. posibilidad	6. habilidad	11. beneficioso
2. moribundo	7. venerable	12. civilidad
3. viento	8. benemérito	13. veneciano
4. veneno	9. movilidad	14. benefactor
5. bienaventurado	10. vientre	15. vagabundo

. . . .

44

1. veneran	4. Viena	7. venero
2. ventrílocuo	5. venezolana	8. ventarrón
3. veneciano	6. venenosa	

. . . .

45

cu   he   ta

. . . .

46

buz   bur   bus   bon

. . . .

47

ha   su

. . . .

48

ar
copretérito de indicativo
ir
copretérito de indicativo

. . . .

49

b
descubrirse, muchedumbre, sombrero, emblema, brazos
l   r
copretérito   ar
ninguna
diccionario

. . . .

50
(50) GOLPECITOS CON LOS DEDOS

Acostumbraba dar golpecitos que los que estaban a su alrededor no sabían de dónde venían.

Su mujer se inquietaba muchas veces.

—¿Has oído un ruido extraño?

Él sonreía y acababa por confesar que era él.

Se podría decir que era su verdadera especialidad, lo que le caracterizaba en la vida.

Pero esa especialidad le fue a perder en una ocasión.

Fue durante la guerra. El contraespionaje había llegado a la máxima sutilidad auditiva.

Era tan inteligente el servicio secreto que había el terror de que se pasase de inteligente.

El de los golpecitos nerviosos con los dedos fue llamado a la oficina policial.

Una especie de consejo de guerra le aguardaba hostil.

—Usted transmite por medio de Morse despachos convenidos con el enemigo.

—¿Yo?— preguntó asombrado el hombre pacífico.

—Sí, usted —insistió el presidente—; nuestros contraespías le han oído desde la pared medianera de su casa y han podido anotar el siguiente despacho lanzado con el golpe de sus señales: "Barco cargado pirita saldrá mañana."

—No es posible. . . Eso ha sido amañado por sus sabuesos. . . Es verdad que tengo la costumbre de dar golpecitos con los dedos sobre el brazo de la silla o sobre la tabla de la mesa, pero no puedo creer que hayan tenido congruencia mis golpes hasta formar ese texto. . . Allanen mi casa para ver si yo tengo aparato de transmisión ni nada que se le parezca.

Pero como todos los *in fraganti* niegan así, fue sometido a varias pruebas en los laboratorios, y sólo después de largas y penosas dilucidaciones quedó libre el hombre al que la casualidad y los golpecitos de sobremesa habían comprometido.

—Me alegro —decía después su mujer—. Así perderás esa maldita costumbre que puebla de duendes nuestras veladas.

. . . .

51

envenenó   convirtió   convirtieron
n

. . . .

52

n   b   d

. . . .

53

olvidaba
el grupo silábico *ol* antes de la *v*
ol

. . . .

54

provista
pro
pre   pri   pro

. . . .

55

di   le   sal   cla
dibujo — dibujante — dibujador — desdibujar — desdibujado

. . . .

56

ivo   iva
avo   ava
evo   eva

. . . .

57

ave   eve

. . . .

58

tener
v

. . . .

59

ir

. . . .

60

voy   iba   vaya
vas   ibas   vayas

va   iba   vaya
vamos   íbamos   vayamos
vais   ibais   vayáis
van   iban   vayan

. . . .

61

verídica — terrible — baldosas — descubre — asombro — vale — advertencia — doble — descubre — polvo — lleva — Providencia — inescrutables

. . . .

62

vez — baja — vista — transitaba — enfocaba — bajo — habiéndosele — estuvo — movían — vidrio — súbito — cabeza — vuestras — sombras

. . . .

63

varón   barón
varón: "Criatura racional del sexo masculino."
barón: "Título de dignidad, de más o menos preeminencia, según los diferentes países."

Diccionario de la Real Academia Española, 1970.

. . . .

64
(54) EL CIERVO ESCONDIDO

Un leñador de Cheng se encontró en el campo con un ciervo asustado y lo mató. Para evitar que otros lo descubrieran, lo enterró en el bosque y lo tapó con hojas y ramas. Poco después olvidó el sitio donde lo había ocultado y creyó que todo había ocurrido en un sueño. Lo contó, como si fuera un sueño, a toda la gente. Entre los oyentes hubo uno que fue a buscar el ciervo escondido y lo encontró. Lo llevó a su casa y dijo a su mujer:

—Un leñador soñó que había matado un ciervo y olvidó dónde lo había escondido y ahora yo lo he encontrado. Ese hombre sí que es un soñador.

—Tú habrás soñado que viste un leñador que había matado un ciervo. ¿Realmente crees que hubo un leñador? Pero como aquí está el ciervo, tu sueño debe ser verdadero —dijo la mujer.

—Aun suponiendo que encontré el ciervo por un sueño —contestó el marido—, ¿a qué preocuparse averiguando cuál de los dos soñó?

Aquella noche el leñador volvió a su casa, pensando todavía en el ciervo, y realmente soñó, y en el sueño soñó el lugar donde había ocultado el ciervo y también soñó quién lo había encontrado. Al alba fue a casa del otro y encontró el ciervo. Ambos discutieron y fueron ante un juez, para que resolviera el asunto. El juez le dijo al leñador:

—Realmente mataste un ciervo y creíste que era un sueño. Después soñaste realmente y creíste que era verdad. El otro encontró el ciervo y ahora te lo disputa, pero su mujer piensa que soñó que había encontrado un ciervo que otro había matado. Luego, nadie mató al ciervo. Pero como aquí está el ciervo, lo mejor es que se lo repartan.

El caso llegó a oídos del rey de Cheng y el rey de Cheng dijo:

—¿Y ese juez no estará soñando que reparte un ciervo?

· ·

65

inmundicias   conciencia   espacios

· ·

66

conocer   oscurecer   producir   traducir

cer   cir

· ·

67

pronunciar   renunciar   anunciar

ciar

· ·

68
(56) HISTORIA DE LOS DOS QUE SOÑARON

Cuentan los hombres dignos de fe (pero sólo Alá es omnisciente y poderoso y misericordioso y no duerme) que hubo en El Cairo un hombre poseedor de riquezas, pero tan magnánimo y liberal que todas las perdió, menos la casa de su padre, y que se vio forzado a trabajar para ganarse el pan. Trabajó tanto que el sueño lo rindió debajo de una higuera de su jardín y vio en el sueño a un desconocido que le dijo:

—Tu fortuna está en Persia, en Isfajan; vete a buscarla.

A la madrugada siguiente se despertó y emprendió el largo viaje y afrontó los peligros de los desiertos, de los idólatras, de los ríos, de las fieras y de los hombres. Llegó al fin a Isfajan, pero en el recinto de esa ciudad lo sorprendió la noche y se tendió a dormir en el patio de una mezquita. Había, junto a la mezquita una casa y por el decreto de Dios Todopoderoso una pandilla de ladrones atravesó la mezquita y se metió en la casa, y las personas que dormían se despertaron y pidieron socorro. Los vecinos también gritaron, hasta que el capitán de los serenos de aquel distrito acudió con sus hombres y los bandoleros huyeron por la azotea. El capitán hizo registrar la mezquita y en ella dieron con el hombre de El Cairo y lo llevaron a la cárcel. El juez lo hizo comparecer y le dijo:

—¿Quién eres y cuál es tu patria?

El hombre declaró:

—Soy de la ciudad famosa de El Cairo y mi nombre es Yacub El Magrebí.

El juez le preguntó:

—¿Qué te trajo a Persia?

El hombre optó por la verdad y le dijo:

Un hombre me ordenó en un sueño que viniera a Isfajan, porque ahí estaba mi fortuna. Ya estoy en Isfajan y veo que la fortuna que me prometió ha de ser esta cárcel.

El juez se echó a reír.

—Hombre desatinado —le dijo—, tres veces he soñado con una casa en la ciudad de El Cairo, en cuyo fondo hay un jardín y en el jardín, un reloj de sol y después del reloj de sol, una higuera, y bajo la higuera un tesoro. No he dado el menor crédito a esa mentira. Tú, sin embargo, has errado de ciudad en ciudad, bajo la sola fe de tu sueño. Que no vuelva a verte en Isfajan. Toma estas monedas y vete.

El hombre las tomó y regresó a la patria. Debajo de la higuera de su casa (que era la del sueño del juez) desenterró el tesoro. Así Dios le dio la bendición y lo recompensó y exaltó. Dios es el Generoso, el Oculto.

Anónimo Árabe

. . . .

69

desde	disparado	desarrollado
después	despedazada	descalzo

des   dis

. . . .

70

oso

cuantiosa   gloriosa   gozosa   dichosa

osa

. . . .

71

ozo

sustantivos

ozo

. . . .

72

as   es   is   os

s

. . . .

73

semi = medio, casi.

s

. . . .

74

esco   isco   usco
esca   isca   usca

Sí.

. . . .

75

(sustantivos)   (adjetivos)   (verbos)

. . . .

76

(58)   En el grabado se ve la ejecución, más bien el suplicio, de un jefe indio. Está atado a un poste a la derecha. Las llamas comienzan ya a cubrir la paja al pie del poste. A su lado, un padre franciscano, con su sombrero de teja echado sobre la espalda, se le acerca. Tiene un libro —un misal o una biblia— en una mano y en la otra lleva un crucifijo. El cura se acerca al indio con algún miedo, ya que un indio amarrado siempre da más miedo que un indio suelto: quizá porque pueda soltarse. Está todavía tratando de convertirlo a la fe cristiana. A la izquierda del grabado hay un grupo de conquistadores, de armadura de hierro, con arcabuces en las manos y espadas en ristre, mirando la ejecución. Al centro del grabado se ve un hombre minuciosamente ocupado en acercar la candela al indio. El humo de la hoguera ocupa toda la parte superior derecha del grabado y ya no se ve nada.

La leyenda dice que el cura se acercó más al indio y le propuso ir al cielo. El jefe indio entendía poco español pero comprendió lo suficiente y sabía lo bastante como para preguntar: "Y los españoles, ¿también ir al cielo?". "Sí, hijo", dijo el buen padre por entre el humo acre y el calor, "los buenos españoles también van al cielo", con tono paternal y bondadoso. Entonces el indio elevó su altiva cabeza de cacique, el largo pelo negro grasiento atado detrás de las orejas, su perfil aguileño todavía visible en las etiquetas de las botellas de cerveza que llevan su nombre, y dijo con calma, hablando por entre las llamas: "Mejor yo no ir al cielo, mejor yo ir al infierno".

. . . .

77

pobreza   riqueza   palidez

eza   ez

. . . .

78

enfermiza   iza

olvidadiza   escurridiza   rojiza
olvidadizo   escurridizo   rojizo

. . . .

79

(renacer)   (parecer)   (conocer)   (traducir)

acer   ecer   ocer   ucir

. . . .

80

(aterrorizar)   (agonizar)   (paralizar)
(avisar)   (precisar)   (guisar)

izar   isar

. . . .

81

busca — absolución — cosa — desde — vez — once — ciego — limosna —
Corazón — ofrecía — indulgencia — rezara — cielo — perdonase —
resto — beneficio — días — vez — puestos — detrás — vacaciones —
Paraíso

. . . .

82

complicidad — inquisidores — sentenciado — bestialidad — misma —
brujesco — repeluzno — escalofrío — asistentes — caza — luciferiana —
presencia — propiciación — comenzó — consumida — cenizas —
ascuas — fosforescentes

. . . .

83

cerveza — especiales

. . . .

84

(64)   Era la hora en que los niños juegan en las calles de todos los
pueblos, llenando con sus gritos la tarde. Cuando aún las paredes
negras reflejan la luz amarilla del sol.

Al menos eso había visto en Sayula, todavía ayer, a esta misma
hora. Y había visto también el vuelo de las palomas rompiendo el aire
quieto, sacudiendo sus alas como si se desprendieran del día. Volaban
y caían sobre los tejados, mientras los gritos de los niños revoloteaban y
parecían teñirse de azul en el cielo del atardecer.

Ahora estaba aquí, en este pueblo sin ruidos. Oía caer mis pisadas
sobre las piedras redondas con que estaban empedradas las calles. Mis
pisadas huecas, repitiendo su sonido en el eco de las paredes teñidas
por el sol del atardecer.

Fui andando por la calle real en esa hora. Miré las casas vacías; las
puertas desportilladas, invadidas de yerba. ¿Cómo me dijo aquel fulano
que se llamaba esta yerba? "La capitana, señor. Una plaga que nomás
espera que se vaya la gente para invadir las casas. Así las verá usted."

Al cruzar una bocacalle vi una señora envuelta en su rebozo que desapareció como si no existiera. Después volvieron a moverse mis pasos y mis ojos siguieron asomándose al agujero de las puertas. Hasta que nuevamente la mujer del rebozo se cruzó frente a mí.

— ¡Buenas noches! — me dijo.

La seguí con la mirada. Le grité.

— ¿Dónde vive doña Eduviges?

Y ella señaló con el dedo:

— Allá. La casa que está junto al puente.

. . . .

85

Que empiezan con *ex.*

. . . .

86

La partícula *hexa.*

seis

. . . .

87

1. incisión	9. decisión	17. redacción
2. ampliación	10. complexión	18. interrogación
3. conducción	11. adulación	19. crucifixión
4. reflexión	12. flexión	20. admiración
5. acción	13. concesión	21. corrección
6. admisión	14. genuflexión	22. conexión
7. anexión	15. reacción	23. imaginación
8. sucesión	16. inspección	24. inflexión

. . . .

88
(66)   Muchas veces me han preguntado cuándo escribí mi primer poema, cuándo nació en mí la poesía.

Trataré de recordarlo. Muy atrás en mi infancia y habiendo apenas aprendido a escribir, sentí una vez una intensa emoción y tracé unas cuantas palabras semirrimadas, pero extrañas a mí, diferentes del lenguaje diario. Las puse en limpio en un papel, preso de una ansiedad profunda, de un sentimiento hasta entonces desconocido, especie de angustia y de tristeza. Era un poema dedicado a mi madre, es decir, a la que conocí por tal, a la angelical madrastra cuya suave sombra protegió toda mi infancia. Completamente incapaz de juzgar mi primera producción, se la llevé a mis padres. Ellos estaban en el comedor, sumergidos en una de esas conversaciones en voz baja que dividen más que un río el mundo de los niños y el de los adultos. Les alargué el papel con las líneas, tembloroso aún con la primera visita de la inspiración. Mi padre, distraídamente, lo tomó en sus manos, distraídamente lo leyó, distraídamente me lo devolvió, diciéndome:

—¿De dónde lo copiaste?

Y siguió conversando en voz baja con mi madre de sus importantes y remotos asuntos.

Me parece recordar que así nació mi primer poema y que así recibí la primera muestra distraída de la crítica literaria.

. . . .

89

Hay   bueyes
buey
Que terminan en *y*.
ahí

. . . .

90

Sí
Dos.
Y lo demás. . .   Y caballos viejos. . .

. . . .

91
(68)   Fue un martes en la tarde cuando mi santo abuelo pescó la ballena. Bogó toda la noche del martes, el miércoles completito siguió bogando, y tempraneando el jueves lo divisamos a lo lejos y fuimos a ayudarle. Habíamos estado temiendo que la mar se lo hubiera tragado. Así que cuando lo vimos nadamos con fuerza.

—¿Qué trae usted, abuelo? —preguntamos.

—Ballena —contestó.

El abuelo dirigió toda la maniobra. Ordenó a mi tío que se trajera todos los arpones que había en las tres casas del puerto y él en persona fue clavándoselos a la ballena e indicando dónde debíamos de jalar las cuerdas para arrimarla a la orilla.

Todo el pueblo estuvo tirando las cuerdas hasta el atardecer de aquel jueves bendito. Cuando salió la luna el pescadazo estaba ya varado en las arenas como si fuera un barco encallado. Yo no sé de dónde salieron tantas luciérnagas esa noche, pero todas se fueron a volar encima de la ballena llenándola de luces, haciéndola cada vez más barco.

Nadie durmió esa noche y todos queríamos subirnos a su lomo. Y cuando mi santo tío se trepó, lo único que dijo fue: "Pues de verdad que sí, es ballena".

Al amanecer empezamos a destazarla. Todas las manos del pueblo ayudaron a cortar filetes, a cubrirlos con sal, extenderlos al sol, y a hervir los peroles para sacar el aceite. Trabajamos todo el viernes y el sábado, hasta completar 53 barrilitos cerveceros de manteca. Al promediar el domingo, las moscas habían cubierto totalmente lo que quedaba de la ballena, de tal manera que uno trabajaba en medio de un rumor constante. Bandadas de pelícanos y alcatraces planeaban encima de nuestras cabezas y las gaviotas gritaban sin despegar la mirada de la ballena.

Los árboles y las piedras del pueblo estaban viciosos de zopilotes que extendían las alas al sol con impaciencia. Los perros, a punto de volverse locos de tanto comer y tanto correr, ladraban para ahuyentar los pájaros.

. . . .

92

brillo   foquillos
foquillo
illo

. . . .

93

sellar   embotellar
entallar   fallar
llar

. . . .

94

1. ensillar   3. arrodillarse
2. acuchillar   4. patrullar

. . . .

95

allá — llave — llenando — y — y — corroyendo — allá — llegamos —
ya

. . . .

96

y — repollo — llevando — rayas — y — calle — y — constituye —
humillación — y — bellas — ley — sencilla

. . . .

97
(72) TÍA EN DIFICULTADES

¿Por qué tendremos una tía tan temerosa de caerse de espaldas? Hace años que la familia lucha para curarla de su obsesión, pero ha llegado la hora de confesar nuestro fracaso. Por más que hagamos, tía tiene miedo de caerse de espaldas, y su inocente manía nos afecta a todos, empezando por mi padre que fraternalmente la acompaña a cualquier parte y va mirando el piso para que tía pueda caminar sin preocupaciones, mientras mi madre se esmera en barrer el patio varias veces al día, mis hermanas recogen las pelotas de tenis con que se divierten inocentemente en la terraza, y mis primos borran toda huella imputable a los perros, gatos, tortugas y gallinas que proliferan en casa. Pero no sirve de nada, tía sólo se resuelve a cruzar las habitaciones después de un largo titubeo, interminables observaciones oculares y palabras destempladas a todo chico que ande por ahí en ese momento. Después se pone en

marcha, apoyando primero un pie y moviéndolo como un boxeador en el
cajón de resina, después el otro, trasladando el cuerpo en un desplazamiento que en nuestra infancia nos parecía majestuoso, y tardando varios minutos para ir de una puerta a otra. Es algo horrible.

Varias veces la familia ha procurado que mi tía explicara con alguna
coherencia su temor a caerse de espaldas. En una ocasión fue recibida
con un silencio que se hubiera podido cortar con guadaña; pero una
noche, después de su vasito de hesperidina, tía condescendió a insinuar que si se caía de espaldas no podría volver a levantarse. A la elemental observación de que treinta y dos miembros de la familia estaban
dispuestos a acudir en su auxilio, respondió con una mirada lánguida y
dos palabras: "Lo mismo". Días después mi hermano el mayor me llamó
por la noche a la cocina y me mostró una cucaracha caída de espaldas
debajo de la pileta. Sin decirnos nada asistimos a su vana y larga lucha
por enderezarse, mientras otras cucarachas, venciendo la intimidación
de la luz, circulaban por el piso y pasaban rozando a la que yacía en posición decúbito dorsal. Nos fuimos a la cama con una marcada melancolía,
y por una razón u otra nadie volvió a interrogar a tía; nos limitamos a aliviar en lo posible su miedo, acompañarla a todas partes, darle el brazo y
comprarle cantidad de zapatos con suelas antideslizantes y otros disposi-
tivos estabilizadores. La vida siguió así, y no era peor que otras vidas.

. . . .

98

Que comienzan con la sílaba **herm**.

hern

. . . .

99.

a) hidr   b) hidro

agua

. . . .

100

hie,   hua,   hue,   hui

. . . .

101

seis   siete   cien

. . . .

102

hace — huérfana — hija — hacienda — había — deshora — hablar —
hombre

— • — • — • — • — • — • — • — • — • — •

hierba — húmeda — hasta — hasta — habitaciones — hilera - hábil —

— • — • — • — • — • — • — • — • — • — •

habría — hecho — había — hijos

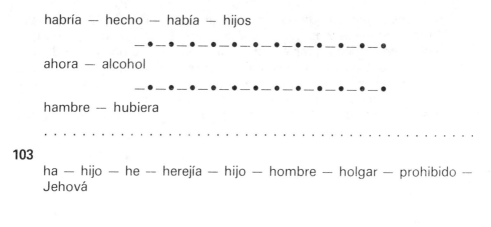

ahora — alcohol

hambre — hubiera

· ·

103

ha — hijo — he — herejía — hijo — hombre — holgar — prohibido — Jehová

· ·

104
(78)   Fue un momento de quietud perfecta. El caballo, con la cabeza inclinada, abatía perezosamente los párpados. En los potreros se enroscaban las reses a rumiar la abundancia de su alimento. En la punta de un árbol plegó su amenaza el gavilán.

Y el silencio también. Un silencio como de muchas cigarras ebrias de su canto. Como de remotos pastizales mecidos por la brisa. Como de un balido, uno solo, de recental en busca de su madre.

Y entonces fue cuando brotó, entre el montón de bagazo, la primera llamarada. Y entonces se supo que toda aquella belleza inmóvil no era más que para que el fuego la devorara.

El fuego anunció su presencia con el alarido de una fiera salvaje. Los que estaban más próximos se sobresaltaron. Las mulas pararon sus orejas tratando de ubicar el peligro. El caballo de César relinchó. Y César, pasado el primer momento de confusión, empezó a gritar órdenes en tzeltal.

Los indios se movieron presurosamente, pero no para obedecer sino para huir. Atrás, esparcidas, en desorden, quedaron sus pertenencias.

Resistieron mientras César estuvo atrás, tapándoles la salida. Pero cuando el caballo ya no obedeció las riendas y traspuso, galopando, los potreros, entonces, los indios, con las manos ceñidas al cuello como para ayudar la tarea de la asfixia, llorando, ciegos, huyeron también.

Nadie se acordó de desatar a las dos mulas que trotaban desesperadamente, y siempre en círculo, alrededor del trapiche. El aire sollamado les chicoteaba las ancas. Y aquel olor irrespirable de jugo de caña que se combustiona las hacía toser torpemente, ahogándolas.

Las vacas de vientres cargados, los bueyes con la lentitud de su condición, se desplazaban dejando en el barro chicloso la huella de su pezuña hendida. Y el fuego venía detrás, borrando aquella huella.

Los otros, los que podían escapar con su ligereza, se despeñaron en los barrancos y allí se quedaron, con los huesos rotos, gimiendo, hasta que el fuego también bajó a la hondura y se posesionó de ella.

Los que pudieron llegar a los aguajes se lanzaron al río y nadaron corriente abajo. Muchas reses se salvaron. Otras, cogidas en los remolinos, golpeadas contra las piedras, vencidas por la fatiga, fueron vistas pasar, por otros hombres, en otras playas, hinchadas de agua, rígidas, picoteadas al vuelo por los zopilotes.

. . . .

105

geo

tierra

. . . .

106

gen
No

. . . .

107

Para obtener el mismo sonido [j] del infinitivo recoger.

. . . .

108

1. conseguir	14. aguilucho	27. ambigüedad
2. paradójico	15. lejísimos	28. general
3. augurio	16. genial	29. guitarrista
4. geología	17. antigüedad	30. argentino
5. guisante	18. proseguir	31. aljibe
6. vigésimo	19. etimológico	32. ungüento
7. magia	20. cigüeña	33. meteorológico
8. vergüenza	21. geometría	34. guerrillero
9. gesticular	22. álgebra	35. jengibre
10. ajenjo	23. lejía	36. generalidad
11. gendarme	24. Águeda	37. mitológico
12. berenjena	25. avejentar	38. liturgia
13. fotogénico	26. hemipléjico	39. tejer

. . . .

109

(80)   Abramos aquí un pequeño paréntesis para tratar de explicar lo que significa en México "estar bruja".

El estar bruja es una condición permanente de la mayoría de los mexicanos, que lo mismo se da en las altas esferas del erario nacional que en las capas de la buena sociedad, que en la clase media, que en las masas proletarias. El estar bruja no significa precisamente ser pobre. Se puede vivir en la miseria y no estar bruja. Pobre es el que nada tiene y se resigna a vivir sin nada, en tanto que el estar bruja es más bien un estado de ánimo, acompañado de penurias, sobresaltos y sofocones, pero siempre nutrido por un vago optimismo de que tarde o temprano va a caer algún dinerillo que permitirá salir del apuro momentáneo. De ahí que el bruja mexicano empeñe sus cosas o pida prestado, pues siempre tiene la esperanza de poder redimir sus deudas. O sea que el estar bruja es una condición permanente de creer que se está pasando por algo transitorio. Altamente paradójico, desde luego, y por lo tanto típicamente mexicano.

Ignoro cuál sea el origen de la expresión "bruja" en el sentido que estamos analizando, si bien me inclino a suponer que originalmente tuvo cierta relación con las artes mágicas. Es decir, que el bruja mexicano se ve en la necesidad de recurrir a determinados sortilegios y hechicerías que van desde el clásico sablazo hasta la consecución de un empleo de "aviador" en alguna oficina pública para salvar las apariencias y seguir tirando. Este tipo de aeronauta en tierra no tiene que desempeñar ninguna labor específica y se limita a acudir cada quince días para firmar la nómina y recoger un cheque, por regla general modesto. Sin embargo, lo benigno del puesto le permite al "aviador" tener varios empleos.

Desde el punto de vista etimológico, hay en efecto algo de magia en la habilidad con que los brujas mexicanos logran pagar la renta de su casa, mandar los hijos a la escuela, comprar un traje nuevo, torear acreedores, adquirir un automóvil y salir de vacaciones una vez al año, con ingresos que en otras latitudes apenas bastarían para mantener el alma hilvanada al cuerpo. El bruja mexicano en realidad es un hechicero de las finanzas.

Un inglés, un francés, un norteamericano, primero ahorra y después gasta. Se ajusta a su presupuesto y vive rigurosamente de acuerdo con él. Por eso hay ingleses, franceses y norteamericanos pobres o ricos, pero nunca brujas. El estado de brujez es condición típicamente mexicana, del que siempre se espera salir mediante dos procedimientos también muy mexicanos: la lotería o la política. De preferencia esta última, porque es bastante más segura.

. . . .

110
(82) gentiles — Amargura — Virgen — origen — conjurar — agua — Virgen — jardín — alfanje — joyas — reguero — Virgen — prodigues — llegaron — astrólogos — aseguró — prodigiosa — hija — ángeles

(83) pelaje — larga — agua — antigua — aleja

(84) mitología — teje — agrega

. . . .

111
(85)   Simón sacó de la copa de su sombrero un gran pañuelo de yerbas: con él se enjugó el sudor que le corría por las sienes; luego respiró profundo, mientras empujaba tímidamente la puertecilla de la choza.

Crisanta, cubierta con un sarape desteñido, yacía sosegada. Altagracia retiraba ahora de la lumbre una gran tinaja con agua caliente, y el médico, con la camisa remangada, desmontaba la aguja de la jeringa hipodérmica.

—Hicimos un machito —dijo con voz débil y en la aglutinante lengua zoque Crisanta cuando miró a su marido. Entonces la boca de ella se iluminó con el brillo de dos hileras de dientes como granitos de elote.

—¿Macho? —preguntó Simón orgulloso—. Ya lo decía yo. . .

Tras de pescar el mentón de Crisanta entre sus dedos toscos e inhábiles para la caricia, fue a mirar a su hijo, a quien se disponían a bañar el doctor y Altagracia. El nuevo padre, rudo como un peñasco, vio por unos instantes aquel trozo de canela que se debatía y chillaba.

—Es bonito —dijo—; se parece a aquélla en lo trompudo —y señaló con la barbilla a Crisanta. Luego, con un dedo tieso y torpe, ensayó una caricia en el recién nacido.

—Gracias, doctorcito. . . Me ha hecho usté el hombre más contento de Tapijulapa.

. . . .

112

l   n   s
[rr]

. . . .

113

b   p   n
f   m   v

. . . .

114

contrariar   rociar   agriar   vanagloriar

iar

el acento

. . . .

115

(87) DESDE UNA VENTANA

Una ventana de dos metros de altura en una esquina. Dos niñas viendo abajo un grupo de diez hombres con las armas preparadas apuntando a un joven sin rasurar y mugroso, que arrodillado suplicaba desesperado, terriblemente enfermo se retorcía de terror, alargaba las manos hacia los soldados, se moría de miedo. El oficial, junto a ellos, va dando las señales con la espada, cuando la elevó como para picar el cielo, salieron de los treintas diez fogonazos, que se incrustaron en su cuerpo hinchado de alcohol y cobardía. Un salto terrible al recibir los balazos, luego cayó manándole sangre por muchos agujeros. Sus manos se le quedaron pegadas en la boca. Allí estuvo tirado tres días; se lo llevaron una tarde, quién sabe quién.

Como estuvo tres noches tirado, ya me había acostumbrado a ver el garabato de su cuerpo, caído hacia su izquierda con las manos en la cara, durmiendo allí, junto de mí. Me parecía mío aquel muerto. Había momentos que temerosa de que se lo hubieran llevado, me levantaba corriendo y me trepaba en la ventana. Era mi obsesión en las noches, me gustaba verlo porque me parecía que tenía mucho miedo.

Un día, después de comer, me fui corriendo para contemplarlo desde la ventana, ya no estaba. El muerto tímido había sido robado por alguien, la tierra se quedó dibujada y sola. Me dormí aquel día soñando en que fusilarían otro y deseando que fuera junto a mi casa.

· ·

116

248.	Doscientos cuarenta y ocho
729.	Setecientos veintinueve
615.	Seiscientos quince
1354.	Mil trescientos cincuenta y cuatro
176.	Ciento setenta y seis
259.	Doscientos cincuenta y nueve
6563.	Seis mil quinientos sesenta y tres
419.	Cuatrocientos diecinueve
312.	Trescientos doce
1917.	Mil novecientos diecisiete

· ·

117
(89) EL TECHO PODRIDO

Misia Inés estaba casada hacía cincuenta años con don Ubaldo. Este era un hombre de una sola palabra.

Una noche, la mujer sintió un sospechoso crujido en el techo. A la mañana siguiente subió a la azotea y comprobó la existencia de tremendas rajaduras. En otras zonas, el techo tenía aspecto de estar podrido.

Entonces bajó y se lo dijo al marido. Pero don Ubaldo se pronunció: "Está prohibido decir que nuestro techo está podrido". Misia Inés calló. Pero dos semanas más tarde subió nuevamente al techo y vio que las rajaduras aumentaban y que la zona podrida se había extendido peligrosamente. Bajó a comunicárselo al marido, pero no había abierto la boca, cuando ya don Ubaldo la frenaba: "Está prohibido decir, etc."

Misia Inés nuevamente calló. Pero a la mañana siguiente oyó un crujido más sonoro aún que los anteriores. Entonces subió otra vez al techo y vio que el derrumbe era inminente. Pese a su provecta edad, bajó como cohete la escalera y sin mirar siquiera a su marido, salió corriendo a la calle. Firme e impávido don Ubaldo alcanzó a pronunciar: "Está pro".

· ·

BIBLIOGRAFIA

(Se incluyen sólo las obras donde aparecen los textos usados en las lecciones.)

ALMAZÁN, MARCO ANTONIO, *El rediezcubrimiento de México,* JUS, México, 1974.

ARREOLA, JUAN JOSÉ, (recopilador) *Lectura en voz alta,* Porrúa (Sepancuantos, 103), México, 1972.

BENEDETTI, MARIO, *La muerte y otras sorpresas,* SIGLO XXI, México, 1973.
BENEDETTI, MARIO, *Letras de emergencia,* Editorial Nueva Imagen, México, 1977.

BORGES, JORGE LUIS, *Manual de zoología fantástica,* F.C.E., México, 1980.

BORGES, JORGE LUIS Y BIOY CASARES, ADOLFO, *Cuentos breves y extraordinarios,* Losada, Buenos Aires, 1973.

CABRERA INFANTE, GABRIEL, *Vista del amanecer en el trópico,* Seix Barral, Barcelona, 1974.

CAMPOBELLO, NELLIE, *Cartucho* en *La novela de la Revolución Mexicana,* tomo I, Aguilar, México, 1960.

CASTELLANOS, ROSARIO, *Balún-Canán,* F.C.E. (Col. Popular, 92), México, 1957.

CELA, CAMILO JOSE, *Mrs. Caldwell habla con su hijo,* Salvat Editores, Navarra, España, 1972.

CORTÁZAR, JULIO, *Historias de Cronopios y de Famas,* Ediciones Minotauro, Buenos Aires, 1969.

DÍAZ-PLAJA, FERNANDO, *El español y los siete pecados capitales,* Alianza Editorial, Madrid, 1971.

DUEÑAS, GUADALUPE, *Tiene la noche un árbol,* F.C.E., México, 1979.

ELIZONDO, SALVADOR, *Contextos,* SEP (Sep-Setentas), México, 1973.

GARCÍA MÁRQUEZ, GABRIEL, *Los funerales de la mamá grande,* Editorial Sudamericana, Buenos Aires, 1972.

GÓMEZ DE LA SERNA, RAMÓN, *Greguerías,* Espasa-Calpe, Madrid, 1968.

IBARGÜENGOITIA, JORGE, *Viajes en la América ignota,* Joaquín Mortiz, México, 1972.

MARTÍ, JOSÉ, *Ismaelillo, La edad de oro, Versos sencillos,* Porrúa (Sepancuantos, 236), México, 1973.

MOIRÓN, SARA, *Personajes de mi ciudad,* SEP (Sep-Setentas), México, 1972.

MONTERDE, FRANCISCO, *El temor de Hernán Cortés,* Miguel Angel Porrúa, S.A., México, 1980.

MONTERROSO, AUGUSTO, *Obras completas (y otros cuentos),* Joaquín Mortiz, México, 1971.

MONTERROSO, AUGUSTO, *La oveja negra y demás fábulas,* Joaquín Mortiz, México, 1971.

MONTERROSO, AUGUSTO, *Lo demás es silencio,* Joaquín Mortiz, México, 1978.

NERUDA, PABLO, *Confieso que he vivido. Memorias,* Seix Barral, Barcelona, 1974.

PONIATOWSKA, ELENA, *Lilus Kikus,* Editorial Grijalbo, México, 1976.

QUIROGA, HORACIO, *Cuentos,* Porrúa (Sepancuantos, 97), México, 1972.

ROJAS GONZALEZ, FRANCISCO, *El diosero,* F.C.E., México, 1955.

RULFO, JUAN, *Pedro Páramo,* F.C.E. (Col. Popular), México, 1973.

VALADÉS, EDMUNDO (recopilador) *El libro de la imaginación,* F.C.E., México, 1978.

VALENZUELA, LUISA, *Libro que no muerde,* UNAM (Textos de Humanidades, 18), México, 1980.

VARIOS, *Ómnibus de poesía mexicana,* SIGLO XXI, México, 1971.

YAÑEZ, AGUSTÍN, *Al filo del agua,* Porrúa, México, 1975.

ZEPEDA, ERACLIO, *Asalto nocturno,* Joaquín Mortiz (serie del volador), México, 1981.

—ooo—

Iᴍᴘʀᴇꜱᴏ ᴇɴ Pʀᴏɢʀᴀᴍᴀꜱ Eᴅᴜᴄᴀᴛɪᴠᴏꜱ, S.A. ᴅᴇ C.V. • 1016706 000 06 98 657

EMPRESA CERTIFICADA POR EL INSTITUTO MEXICANO DE NORMALIZACIÓN Y CERTIFICACIÓN, A C.
BAJO LA NORMA ISO-9002: 1994 / NMX-CC-004: 1995 CON EL No. DE REGISTRO RSC-048